Answers from psychology

Q&A心理学入門
生活の疑問に答え,社会に役立つ心理学

兵藤宗吉・野内 類 編著
Muneyoshi Hyodo & Rui Nouchi

ナカニシヤ出版

はじめに──心理学は役に立つのか？

本書の目的

　心理学は，ヒトのこころの働きに関する学際的な学問領域である。そのため，学部・学科に関係なくヒトのこころに対する関心は高く，心理学は最も人気のある講義の一つである。人気のある理由の一つは，社会生活を送る上で，私たちは自分のこころや他人のこころを無視して，生きていくことはできないからである。

　心理学は，統制のとれた実験や標準化されたアンケートなどを用いて，ヒトのこころの働きのメカニズムを明らかにするという基礎的な研究が中心であった。さらに，心理学は，日常生活での疑問を明らかにし，心理学の知見を応用して社会生活をより良くするという応用的な研究も数多く行われている。心理学を研究するものとして，自身の研究が日常・社会に役立っていると常々感じている。しかしながら，これまでの心理学の教科書は，ヒトのこころの働きのメカニズムを明らかにするという視点からのものが主流であり，心理学の応用的な研究をメインに扱った教科書は少ない。

　そこで，本書は，心理学は役に立つのか？という疑問に答えるための試みの一つである。本書では，心理学の応用的な側面に注目し，心理学の専門家の立場から，日常場面で生じる疑問に答え，直面する困難を克服する方法を提案することを目指した。また，従来の心理学の教科書で扱ってこなかったテーマに注目し，心理学が社会に役立つ学問であることを広く伝えることを意識した。

本書の構成

　各章は，日常生活で感じる疑問に対して専門家がざっくばらんに回答するコラムから始まる。これには，Q&A 形式を取ることで，当該領域への導入をスムーズにするねらいがある。例えば「災害の場面で，心理学は役立つのでしょうか？」という疑問に対して，「心理学は，災害の予防・対応・復旧のすべて

のタイミングで重要な役割を担っています」と回答する形である。この回答を受けて，当該領域の話題について【基礎固め】【Q&A】【将来に向けて】の3つに分けて展開する形を取った。【基礎固め】では，当該領域で重要な概念や用語などの解説し，【Q&A】では，該当する場面の生じる疑問（不思議）や直面する困難に対して，Q&A形式で答える形を取った。【将来に向けて】では，当該領域で必要な研究や取り組み，今後の展開・広がりを説明するようにした。

　本書は，大きく3つのパートに分けることができる。第1章は，私たちの日常生活の行動に関連した疑問に答える内容になっている。そこでは，限定品に惹かれる理由や認知機能を上げる方法や加齢によって変化するこころの働きや自分や性格についての疑問に専門家が一定の答えを出している。第2章は，様々な場面で心理学の知見が生かされていることを紹介する内容になっている。例えば，災害や防犯の場面で心理学の知見が応用されている例や様々な事情で日常生活や社会生活で困難を抱えている人を心理学の知見を活かしてサポートできることを紹介している。また，心理学の今後の可能性を考えるために，他分野の専門家から心理学に対する期待などをコラム形式でまとめた。このように本書は，日常生活への応用という視点から現在の心理学の到達点と今後の可能性をわかりやすく伝えることに力を入れた。

　本書を通じて，読者の方々に心理学が社会に役立つ学問であることが伝わり，心理学により一層興味を持つきっかけとなれば，編者・執筆者一同この上ない喜びである。

目　次

はじめに―心理学は役に立つのか？　　*i*

1章　日々の疑問に答える心理学

Q1　「好み」はどのように形成されるのですか？ 2
　　1.　基礎固め　　3
　　2.　Q&A　　5
　　3.　将来に向けて　　12
Q2　薬物で認知機能は向上できるのでしょうか？ 16
　　1.　基礎固め　　17
　　2.　Q&A　　20
　　3.　将来に向けて　　22
Q3　顔を覚えるよい方法はありますか？ 26
　　1.　基礎固め　　26
　　2.　Q&A　　30
　　3.　将来に向けて　　35
Q4　自己（セルフ）とはなんですか？ 38
　　1.　基礎固め　　40
　　2.　Q&A　　46
　　3.　将来に向けて　　52
Q5　子どもの認知機能はどのように発達していきますか？ 60
　　1.　基礎固め　　60
　　2.　Q&A　　62
　　3.　将来に向けて　　68

Q6 メタ認知とは，なんですか？─メタ認知と加齢に関する話─ …… 71
 1.　基礎固め　　72
 2.　Q&A　　74
 3.　将来に向けて　　79

Q7 子ども時代の思い出は，どこまで正確なのですか？ ………… 82
 1.　基礎固め　　83
 2.　Q&A　　86
 3.　将来に向けて　　88

Q8 性格によって社会生活は変わりますか？ …………………… 92
 1.　基礎固め　　93
 2.　Q&A　　95
 3.　将来に向けて　　102

2章　日々の生活に役立つ心理学

Q1 自然災害の場面で，心理学は役に立ちますか？ ……………… 110
 1.　基礎固め　　110
 2.　Q&A　　113
 3.　将来に向けて　　119

Q2 心理学は防犯に役立つのでしょうか？ ………………………… 123
 1.　基礎固め　　124
 2.　Q&A　　126
 3.　将来に向けて　　131

Q3 学校で困難を抱えている子どもに心理学は役立つのでしょうか？ … 135
 1.　基礎固め　　136
 2.　Q&A　　138
 3.　将来に向けて　　145

Q4 障害のある人の支援に心理学は役立つのでしょうか？ ……… 151
 1.　基礎固め　　152
 2.　Q&A　　157

3. 将来に向けて　163
Q5　心理学は，視覚障害者の助けになりますか？ …………………… 168
　　　1. 基礎固め　169
　　　2. Q&A　172
　　　3. 将来に向けて　176

あとがき　183
索　引　185

■ コラム
Column 1　哲学から見た心理学　55
Column 2　経済学×心理学　107
Column 3　災害科学と心理学　148
Column 4　英語教育・英語学習とモチベーションの心理学　179

1章

日々の疑問に答える心理学

Q1 「好み」はどのように形成されるのですか？

　私たちは日常生活で様々な選択を行っています。例えば，リビング用の大きなテレビを購入する場面を考えてみてください。電器店には，様々なメーカーから発売されているモデルのテレビが並んでいます。あなたはどの商品を選ぶでしょうか。テレビほど高額な商品でなくても，例えば，今日のランチをいつものお店にするか新たにできたお店に行くか，また旅先で地域限定品をおみやげに買うかどうか，悩むことがあるかもしれません。さらには，友人や恋人など，どのような人たちと付き合うか，人間関係も一種の選択と言えるでしょう。

　では何かを選ぶとき，あなたはどのような基準で選択を行っているのでしょうか。なんらかの機能や得られるであろう利益に基づいているかもしれません。予算の制限もあるでしょう。しかし，最終的な判断は，おそらく「私は，これが好きだから」「私は，あの人が好きだから」というような，「好み」に基づいているのではないでしょうか。

　今まで心理学の研究は，このような「好み」が，私たちの考えている以上に些細な，そして様々な要因によって形成されることを明らかにしてきています。本章では，どのような要因の影響を受けて，私たちの「好み」が形成されるのかについて概説していきます。

　　　　　＊　　＊　　＊

1. 基礎固め

　好みには，様々な要因が影響を及ぼしている。本節では，その代表的な要因である刺激特性の影響と接触頻度の影響について紹介する。

(1) 刺激特性の影響

　ある対象への好みには，その対象自体が有する特徴が影響する。その1つが，対象の対称性である。例えば，顔は左右対称（目の形など）である方が，左右非対称であるよりも，魅力が高く判断されることが知られている。他にも，対象の典型性の高さも好みに影響するとされている。

　それでは，なぜこれらの要因が好みに影響するのだろうか。その理由として，処理の流暢性（processing fluency）が指摘されている（Reber et al., 2004）。流暢性とは，「ある対象を知覚し，処理することの容易さ」のことである。通常，対称なものは非対称なものに比べて情報量が少ないため，また典型的なものは類似したものを目にする機会が多く，何度も処理されたことがあるために，処理が容易になされやすい，つまり流暢性が高いとされている。それでは，なぜ高い流暢性と好ましさが関連するのだろうか。高い流暢性は，刺激の再認の成功や，刺激解釈のための適切な知識を入手可能であるというようなポジティブな状態と関連するものである。また，流暢性が高いということは，その刺激をよく知っていることを意味し，それ故，その刺激が危険なものではないことを示すシグナルにもなる。このような流暢性から得られるポジティブさが，処理の対象へと帰属されることによって，流暢性の高さ自体が，ポジティブな評価をもたらすと考えられている。

　さらに，対称性や典型性以外では，対象の輪郭の形状も好みに影響する。バーとネタ（Bar & Neta, 2006）は，輪郭のみを変化させた刺激（e.g., 時計）を用い，カーブした輪郭を有する刺激の方が，尖った輪郭を有する刺激よりも好まれることを明らかにした（図1-1）。これは，尖った輪郭が知覚者に脅威感をもたらす一方で，カーブしている輪郭があたたかさを感じさせるためだと考えられている。

4　1章　日々の疑問に答える心理学

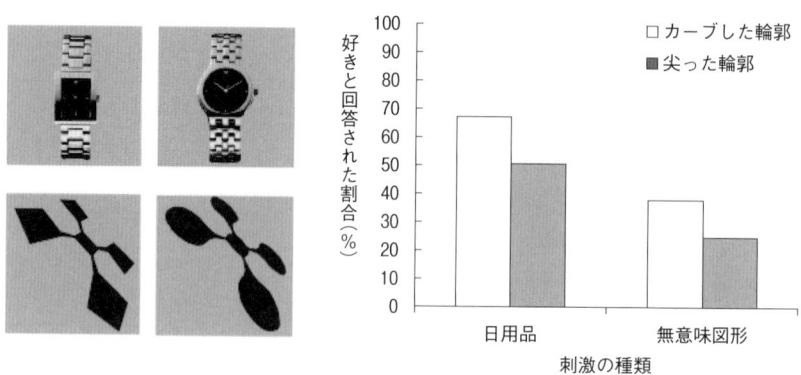

図1-1　実験で使用された輪郭のみが異なる刺激例とその結果（Bar & Neta, 2006 より転載・作成）

　このように，刺激自体の特徴によって，その対象への好みはある程度規定される。子ども向けのキャラクターの多くが丸い形であり，多くの人々に共通して好まれやすいのは，こうした刺激自体の規定する「好み」があるからである。しかし，ある特定の個人が「好き」になるような対象も存在する。あなたの好むものを，あなたの友人が好むとは限らない。そもそも好みの個人差は，「好み」の最大の特徴である。では，このような好みの個人差は，一体なぜ生じるのだろうか。

(2) 接触頻度の影響

　好みは，知覚者の経験にも影響される。その代表的なものが，対象をただ見たり聞いたりするだけで好意度が上昇するという現象である。ザイアンス (Zajonc, 1968) は，漢字を読むことができない参加者に漢字を提示し，それをただ見ておくよう求めた。その際，各漢字は0回・1回・2回・5回・10回・25回のいずれかの回数だけ繰り返し提示された。その結果，提示回数が多い漢字ほど好意度が高く評価された。このように，繰り返し刺激に接触すること自体が，その刺激への好みを上昇させることを単純接触効果（mere exposure effect）と呼ぶ。この単純接触効果は，漢字の他にも，顔写真などの他の視覚刺激や聴覚情報など様々な感覚情報に対して生じることが確認されている（宮本・太田, 2008）。さらに，刺激の提示時間を非常に短くし，刺激に接触したと

いう意識がない場合（閾下提示）においても単純接触効果が生じること（Kunst-Wilson & Zajonc, 1980）や，接触から時間が経過し，接触したことについて覚えていない場合においても単純接触効果は持続することが知られている（Seamon et al., 1983）。

単純接触効果が生じる理由としても，処理の流暢性の影響が考えられている。事前に接触が繰り返されると，その経験によって事後の処理が容易となり，流暢性が高くなる。そして，繰り返しの回数が多いほど，流暢性はより高くなる。その流暢性の高まりが，刺激の好意度に帰属されることによって，提示回数が多いほどより好意度が高くなると考えられている。また，閾下提示においても，情報は脳内にはもたらされているため，意識的な気づきを伴わなくとも流暢性は高まっている。そのため，接触したという意識的気づきがないにもかかわらず，接触頻度の違いによって好意度の上昇が生じると考えられる。

このように，単純接触効果は受動接触という最小限の認知活動によって生じる好意度の変化である。ある刺激への接触経験は各個人によって大きく異なるものであることを考えると，接触頻度の違い自体が，好みの個人差を生み出している大きな要因であると言えるだろう。

2. Q&A

❶ 限定商品に惹かれるのはなぜか？

近年，「期間限定」「数量限定」などを謳う限定商品が店頭に多く並んでいる。あなたも，「冬限定のチョコレート」や「限定カラーの服や靴」と聞いて，つい手に取ってしまった経験はないだろうか。このような限定販売という手法によって購買行動が促進される理由は，希少性の原理によって説明されている（Cialdini, 2001 社会行動研究会訳 2007）。希少性の原理とは，入手可能性が制約されることによって，その対象の価値が上昇するというものである。例えば，2枚のクッキーを渡されてその評価をする際に，最初から2枚しか渡されない場合よりも，最初は10枚渡されたにもかかわらず，途中で2枚に減らされてしまった場合の方が，クッキーの評価が高くなることが知られている（Worchel et al., 1975）。限定商品では，販売期間や販売数量などが限られてお

図 1-2　同一商品画像への限定ラベルと限定無関連ラベルの提示の例
（布井ら, 2013）

り，それによって入手可能性の制約が生じている．したがって，人々は限定商品に，商品そのもの以上の付加価値を見出すため，購買意欲が高まると考えられる．

実際に，布井ら（2013）は，この「限定」の効果を心理学実験によって確かめている．彼らの実験では，同じ商品画像に限定販売に関する文字情報（限定ラベル；e.g., 期間限定）を対提示した場合と，限定販売とは無関連だが商品の魅力を伝える文字情報（限定無関連ラベル；e.g., おすすめ）を対提示した場合を比較し，「限定」が商品魅力度に及ぼす影響ついて検討した（図 1-2）．この結果，文字情報自体の魅力度は等しいにもかかわらず，入手可能性の制約をもたらす限定販売に関する情報を対提示した場合の方が商品魅力は高く評定された．さらに，強制二肢選択を行うと，限定ラベルが対提示された商品の方が，限定無関連ラベルが対提示された商品よりも高い確率で選択された．これらの結果からも，入手可能性の制約自体によって，限定商品の評価は上昇し，その結果，購買行動の促進が生じていると考えられる．

❷ 慣れ親しんだものが好きなのか？　新しいものが好きなのか？

繰り返し接触した対象や典型性の高い対象が好まれるのは，前節で述べた通りである．これは，慣れ親しんだもの，すなわち親近性の高いものが好まれやすいということを示している．これを商品販売の観点から捉えると，昔からあるロングセラー商品こそがよく売れる商品であるということを意味する．しか

し一方で，商品の販売戦略では，定期的な新商品の発売も重要な要素であろう。実際，市場には絶えず新商品があふれており，「新発売」と銘打たれた商品が爆発的に売れて工場の生産が追い付かないということもよく耳にする。これは，我々が新奇なものに対しても好感を抱くためであると考えられる。つまり，好みには，親近性と新奇性という相反する2つの要因が影響を及ぼしているということになる。それでは，各要因はどのように好みに影響するのだろうか。

　パクらは（Park et al., 2010）は，対象のカテゴリという観点からこの2つの要因の影響について検討した。実験では，二者択一の選好判断課題が反復して行われた。提示された刺激は，2枚の顔画像か2枚の風景画像であり，実験参加者は好きな顔あるいは風景を選択するように求められた。その際，一方の選択肢として常に同じ刺激が提示し続けられ，他方には常に新しい刺激が提示された。この実験の結果，好きな顔を選択する場合には，試行が後半になるにつれ，継続して提示されている顔画像が選択される割合が高くなった。一方で，好きな風景を選択する場合には，試行が後半になるにつれ，新奇な風景が選択される割合が高くなった。これは，顔の好みには親近性が，風景の好みには新奇性が影響することを示す結果である。

　また，松田ら（2014）は，中心対象への単純接触効果に背景画像が及ぼす影響について検討している。実験では，中心対象を繰り返し提示すると同時に，同一の背景画像を提示し続ける条件と，毎回異なる背景画像を提示する条件を設け，そのときに中心対象に対する好みがどのように変化するかを検討した。その結果，反復回数が多くなった場合，背景画像を変化させた方が，同一の背景画像を提示し続けた場合よりも，中心対象への単純接触効果が大きく生じることを示している。これは，中心対象への親近性と変化する背景画像への新奇性の両者が相互に作用しあい，好みに影響しうる可能性を示すものである。

　このように，一見すると相反する要因である親近性と新奇性は，「どちらか」ではなく「どちらも」好みに影響を及ぼし，またその影響の仕方は対象の種類によって異なる可能性が示されている。しかし，購買場面などのように様々な情報が存在する場面において，各要因がどのように影響を及ぼすのかという点については，まだよく分かっておらず，今後の研究で明らかにされてい

くことが期待される。

❸ 動作によって「好み」が決まる？

　今まで見てきた「好み」に影響を与える要因は，刺激の特性や接触頻度など，刺激と知覚者という二者間の関連に基づいたものであった。しかし一方で，判断とは一見全く関係のない，知覚者自身の動作も対象の好みに影響を与えていることが知られている。例えば，机の上にペンが置かれた状態で首を縦に振る（うなずく）と，首を横に振った場合よりも，置いてあるペンを好きと選択しやすくなる（Tom et al., 1991）。これは，首を縦に振るという動作自体がポジティブな意味を，首を横に振るという動作自体がネガティブな意味を有しており，その意味が目の前に置かれたペンと連合され，ペンの評価を変化させたためと考えられている。他にも，手前に引き寄せるという接近動作が，対象の評価をポジティブに変化させ，奥に遠ざけるという回避動作が，対象の評価をネガティブに変化させることも知られている（尾崎, 2006）。

　頭や手の動作の有する意味による影響以外にも，視線の動きが好みを決定づけていることも知られている。下條ら（Shimojo et al., 2003）は，2枚の顔写真から一方の顔写真を選択する際の眼球運動を測定した。その結果，好きな顔写真を選ぶ際には，選択の約0.5秒前から，選択される顔写真の方へ視線の偏りが生じ（つまり，より見ようと視線を向け続け），その偏りは徐々に大きくなり続けることが明らかになった。このような視線の偏りは，好み以外の判断時（"どちらがより丸顔か"など）においては見られなかった。さらに，2枚の顔写真を繰り返し左右に異なる提示時間で交互に提示し，その写真に視線を向けるように指示した場合には，実験参加者は提示時間が長い顔写真の方をより好きと判断し，選択した。つまり，「より見ている方を好きになる」という知見が得られたのである。

　しかしどちらの実験においても，参加者が「長い時間見ていたから好き」なのか，「視線を向けて見ようとしたから好き」なのかは明らかではない。そこで，同じ課題を行いつつも，視線を動かさずに周辺視で顔写真を見るように指示した場合や，2枚の顔写真を画面中央に交互に提示した場合において，提示時間の違いが顔写真の選択率に影響するかどうかを検討した。その結果，この

2つの条件では提示時間の違いによって，選択率の違いは生じなかった。この2つの条件においては，2枚の画像の提示時間は異なっていたが，視線を動かすという動作が行われていない。つまり，画像を見ている時間の長さによって好みが形成されるのではなく，画像を目で追う視線を向けるという動作自体が，対象への好みの形成に大きな影響を及ぼす可能性が明らかにされたのである。

❹「好み」は自分自身で決めているのか？

好みは主観的な判断であるが，他者から多くの影響を受けている。例えば，CM には魅力度の高い有名人が出演していることが多い。ストリックら（Strick et al., 2008）は，対提示される顔写真が高魅力の場合の方が，低魅力の場合よりも対象の好意度は高くなることを明らかにしている。この結果から，CM においても有名人の高い魅力度が，商品の評価にポジティブな影響を及ぼしていると考えられる。

他者の視線も対象の好みに影響を及ぼす要因の一つである。ベイリスら（Bayliss et al., 2006）は，他者の視線方向に提示された対象が，視線と逆方向に提示された対象よりも好まれることを示している。さらに，視線方向と共に表情を変化させた場合には，喜び表情で視線が向けられた対象が，嫌悪表情で視線を向けられた対象よりも好まれることが明らかになっている（Bayliss et al., 2007）。我々は，他者の視線や表情から，他者のある対象への評価を読み取ることが出来る。他者が喜び表情で視線を向けている対象は，他者がその対象を有益なものであると評価していることを示している。一方，嫌悪表情で視線が向けられた対象は，他者がそれを良くないものであると評価していることを示している。ある対象を評価するためには，その対象についてよく知る必要があるが，他者の評価を参考にすることはその作業の簡略化を可能にするものであり，視線や表情はその代表的な手がかりの一つと言えるだろう。

他者からの影響には，複数の他者が関わっているものも存在する。例えば，あるお店に行列が出来ていると，我々はそのお店が多くの人から高く評価されていると解釈するだろう。布井・吉川（2014）は，複数の他者が存在する場面において，対象についての評価（ポジティブ・ネガティブ）を示す他者が一場

面内に占める割合と絶対的な人数の多さが，対象の好意度評定に及ぼす影響について検討している（図 1-3）。実験では，対象と対提示する顔画像（喜び表情・嫌悪表情）の枚数が操作された。割合の影響について検討する際には，常

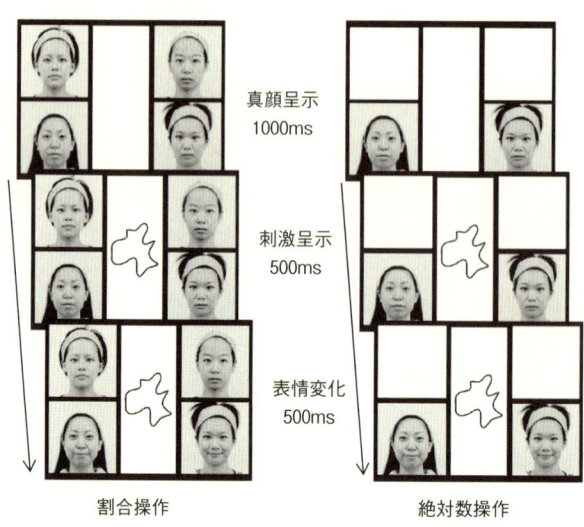

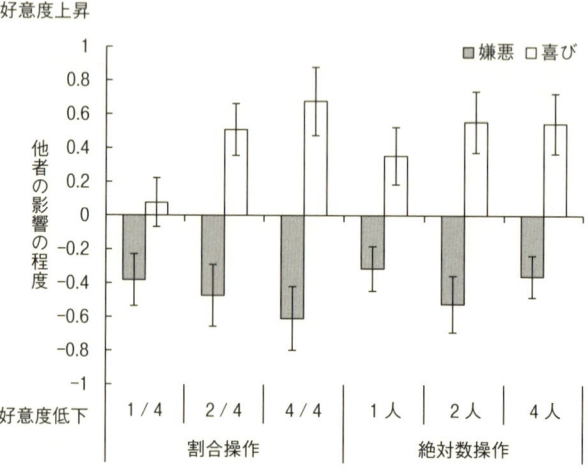

図 1-3　各人数条件操作の例と好意度の変化（布井・吉川，2014）

に4人の真顔表情が提示され，4人の中で1人・2人・4人の表情が喜びまたは嫌悪表情に変化し，残りの顔画像は真顔のまま提示された（図1-3 割合操作参照）。一方で，絶対数の影響について検討する際には，真顔表情の提示枚数（1人・2人・4人）が試行によって異なり，提示された全ての人物の表情が喜びまたは嫌悪表情に変化した（図1-3 絶対数操作参照）。つまり，割合操作においては，いずれかの表情を示している人物が場面内の25％・50％・100％を占めているのに対して，絶対数操作では人数の違いはあるものの，常にある場面内の全ての人物が同じ表情であった。その結果，喜び表情が提示されたことによる好意度上昇の仕方は割合操作と絶対数操作で異なっていた。割合操作においては，1人だけが表情を変化させても無意味図形の好意度は上昇せず，2人または4人全員の表情が変化すると無意味図形の好意度は上昇した。一方，絶対数操作においては，1人・2人・4人の全ての条件で好意度が上昇し，人数による違いは見られなかった。以上の結果は，複数の他者が発するポジティブな評価が好意度を上昇させるためには，絶対的な人数の違いよりも一場面内でポジティブな評価が占める割合が重要であることを示すものである。一方で，嫌悪表情による好意度の低下は，割合操作・絶対数操作の両実験において，1人・2人・4人の全ての条件で生じ，人数による違いは見られなかった。これは，ネガティブな評価による好意度の低下が，ネガティブな評価の有無によってもたらされており，その評価の割合や多さによっては左右されないことを示すものである。

❺「好み」は明確なものなのか？

我々の好みの判断が様々な要因の影響を受けることは，これまでに挙げた研究からも明らかである。そして，それらの影響の多くは，単純接触効果などのように普段意識されることのないものであることが多い。これらは好みという判断の根拠の曖昧さを示すものである。しかし同時に，好みはその判断の根拠だけでなく，その判断自体が曖昧さを有していることが知られている。

ヨハンソンら（Johansson et al., 2005）では，顔写真が印刷された2枚のカードから好きな顔のカードを実験参加者が選び，その理由を答えるという実験を行った。この実験を何度も繰り返す中で，好きと選ばれたカードと他方の

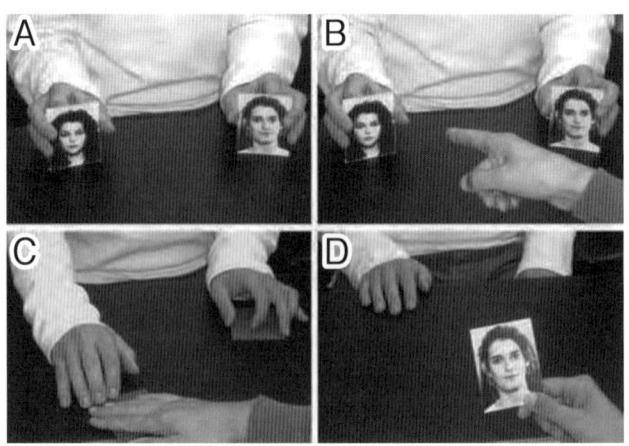

図1-4 選択盲における実験手続（Johansson et al., 2005）
2枚のカードを見せられ（A），参加者が一方を選択する（B）。その後，選択したカードが伏せられた状態で参加者に渡される（C）。実験者は，選択されたカードの後ろに，もう一方のカードを重ねて持っており，カードを伏せた際に，選択しなかったカードにすり替えて渡される（D）。

カードを気づかれないようにすり替え，好きと選ばなかったカードを提示して，なぜそのカードが好きなのかという理由を尋ねた（図1-4）。その結果，好きではない方のカードが提示されたことに気づかない参加者がいたばかりか，そのカードを好きと選んだ理由について述べる参加者もいた。これは，選択盲（Choice Blindness）と呼ばれる現象として知られており，視覚以外にも触覚や味覚などの様々な感覚においても生じることが知られている。

　好みは主観的な判断であり，その判断理由も自分で考えたものである。それにもかかわらず，自分がどのような判断をしたのかについて選択の直後に気づくことができなくなっており，後づけの理由によってその判断が容易に変化してしまう可能性を有している。これは，我々の好みの曖昧さを示すものである。

3. 将来に向けて

　本章では，好みに影響を及ぼす要因の一部を紹介したが，他にも日常生活の

中の様々な事象が好みに影響を及ぼしていると考えられる．中でも，好みが他者の人数から受ける影響については，多くの検討すべき課題が残っている．例えば，布井・吉川（2014）では，4人という小さな集団における人数の影響が検討された．この4人という集団は，全員の顔を見て，その存在を確認することができる人数である．つまり，各集団構成員の対象への評価を確認することのできる人数である．これは，現実の日常場面で多く見られる状況であり，日常的に多く行われる意思決定での他者の影響を反映している研究であると言える．一方で我々は，より大きな集団からの影響を受けることも多々ある．例えば，Twitter®におけるリツイートやFacebook®における「いいね」は，他者からの高評価を示していると考えられるが，このような大きな集団においては集団の母数を確認することは困難である．その結果，少人数の集団で見られた他者の割合による影響とは異なる人数の効果が生じる可能性が考えられるだろう．また，現実世界においては，集団内にポジティブな評価やネガティブな評価がより複雑な形で混在する．そのような状況で，それぞれの評価がどのような影響を及ぼしうるのか，そして両評価の間にどのような数的関係があるのかについても検討すべき課題として挙げることができる．我々が他者や他者の評価の「数」に関する情報をどのように捉え，それがどのように好みに影響しているかを検討することで，より広範な状況下における他者の好みへの影響について明らかにすることができるだろう．

　さらに，形成された好みの変容も重要な研究課題である．一度ある対象を好きになったとしても，好きな状態がその後も永遠に続くことは稀であろう．ある時期を境に急激に好きでなくなったり，逆に嫌いになってしまうこともある．このような状況には，「飽きる」という感覚が大きく関わっていると考えられる．例えば，単純接触効果の研究においては，提示回数がある一定ラインを超えると好意度の上昇が止まり，むしろ低下し始めるという知見も存在する．好みというポジティブな状態が，どのようなタイミングや要因によって「飽き」という状態に変容するのかを明らかにすることは，好みの特性を明らかにする上で重要であろう．

自己紹介

　私は，好みがどのような要因の影響を受けて形成され，変容していくのかについて興味を持っている。そもそも，好みを研究テーマに選んだのは，人間のポジティブな面に焦点を当てた研究を行いたいと考えたからである。ネガティブな事象に比べポジティブな事象は個人差が大きく，研究が十分に進んでいるとは言い難い分野である。しかし，日常生活における体験の多くはポジティブとまでは言えないものの，心理学の研究で扱われるネガティブな事象とは遠くかけ離れたものである。つまりこの分野の研究は，より日常生活に沿った「こころ」の研究と言うことが出来る。その信念のもと，本章でも紹介した限定商品についての研究（布井ら，2013）や他者の影響についての研究（布井・吉川，2014）などを行ってきた。その中で，痛感してきたことが2つある。それは，人の好みの個人差が非常に大きいものであることと，心理学以外の分野の人が「好み」という現象に非常に興味を持っているということだ。好みという分野の研究は一筋縄にはいかないものである。しかし，アウトプット先の多様性ということを考えると，非常にやりがいのある研究分野であると感じている。

●引用文献●●●

Bar, M. & Neta, M.（2006）. Human prefer curved visual objects. *Psychological Science*, **17**, 645-648.

Bayliss, A. P., Frischen, A., Fenske, M., & Tipper, S. P.（2007）. Affective evaluations of objects are influenced by observed gaze direction and emotional expression. *Cognition*, **104**, 644-653.

Bayliss, A. P., Paul, M. A., Cannon, P. R., & Tipper, S. P.（2006）. Gaze cuing and affective judgment of objects: I like what you look at. *Psychonomic Bulletin & Review*, **13**, 1061-1066.

Cialdini, R. B.（2001）. *Influence: Science and practice*. 4th ed. Boston: Allyn & Bacon.（社会行動研究会（訳）（2007）. 影響力の武器　なぜ，人は動かされるのか　第二版　誠信書房）

Johansson, P., Hall, L., Sikström, S., & Olsson, A.（2005）. Failure to detect mismatches between intention and outcome in a simple decision task. *Science*, **310**, 116-119.

Kunst-Wilson, W. R. & Zajonc, R. B.（1980）. Affective discrimination of stimuli that cannot be recognized. *Science*, **207**, 557-558.

松田　憲・楠見　孝・細見直宏・長　篤志・三池秀敏（2014）. 選好に及ぼす提示回数と背景の影響―自動車と風景画像を用いた検討―　心理学研究, **85**, 240-247.

宮本聡介・太田信夫（編著）（2008）. 単純接触効果研究の最前線　北大路書房

布井雅人・中嶋智史・吉川左紀子（2013）. 限定ラベルが商品魅力・選択に及ぼす影響　認

知心理学研究, 11, 43-50.
布井雅人・吉川左紀子 (2014). 他者の人数と割合が選好判断に及ぼす影響　日本認知心理学会第 12 回大会発表論文集, 125
尾崎由佳 (2006). 接近・回避行動の反復による潜在的態度の変容　実験社会心理学研究, 45, 98-110.
Park, J., Shimojo, E., & Shimojo, S. (2010). Roles of familiarity and novelty in visual preference judgments are segregated across object categories. *Proceedings of the National Academy of Sciences*, 107, 14552-14555.
Reber, R., Schwarz, N., & Winkielman, P. (2004). Processing fluency and aesthetic pleasure: Is beauty in the perceiver's processing experience? *Personality and Social Psychology Review*, 8, 364-382.
Seamon, J. G., Brody, N., & Kauff, D. M. (1983). Affective discrimination of stimuli that are not recognized: II. Effect of delay between study and test. *Bulletin of the Psychonomic Society*, 21, 187-189.
Shimojo, S., Simion, C., Shimojo, E., & Scheier, C. (2003). Gaze bias both reflects and influences preference. *Nature Neuroscience*, 6, 1317-1322.
Strick, M., Holland, R. W., & van Knippenberg, A. (2008). Seductive eyes: Attractiveness and direct gaze increase desire for associated objects. *Cognition*, 106, 1487-1496.
Tom, G., Pettersen, P., Lau, T., Burton, T., & Cook, J. (1991). The role of overt head movement in the formation of affect. *Basic and Applied Social Psychology*, 12, 281-289.
Worchel, S., Lee, J., & Adewole, A. (1975). Effects of supply and demand on ratings of object value. *Journal of Personality and Social Psychology*, 32, 906-914.
Zajonc, R. B. (1968). Attitudinal effects of mere exposure. *Journal of Personality and Social Psychology Monograph Supplement*, 9 (2, Pt. 2), 1-27.

# Q2 薬物で認知機能は向上できるのでしょうか？

　正直，分かりません。科学的に解明されていることは記憶障害が生じている状態において，ある薬物を投与するとその障害を軽減させることができる可能性があるということです。通常より記憶を良くするという研究は非常に少ないのが現実です。記憶以外の認知機能についても同じ状況であると言っても過言ではないと思われます。もちろん，私たちの認知機構に関する脳研究は着実に進んでいるのですが，認知機能を通常よりも向上させることができるかどうかについては，現時点の科学では答えることができません。

　高度情報化社会において，何らかの方法で認知機能を向上させるニーズがあるのは事実かもしれません。例えば，2008 年の Nature 誌に，薬による認知機能の向上がもたらす問題についてのニュース記事が掲載されました（Maher, 2008）。この記事では，医療的な問題がないにもかかわらず，課題成績を良くするために薬を飲むことの実態調査が紹介されています。この調査では，およそ 5 人に 1 人が，医療目的ではなく，注意力や記憶力を高めるために薬を服用したことがあると回答しており，その割合は 18-25 歳が一番高くなるとのことでした。このように本人の能力を超えて，認知機能のエンハンスメントをもとめることの是非については，倫理的問題をはらみます。

　そこで本章では，まず認知機能の中でも記憶に着目し，記憶の神経基盤から薬物で記憶形成を促進する方法について学びます。心理機能の神経基盤を解明するためには，脳への直接的な介入操作が必要なため，モデル動物による研究が不可欠です。そこで実験動物のラットを用いた記憶の神経基盤を解明するための研究紹介から始めます。アメリカなどでは，実験動物を用いた行動神経科学（Behavioral Neuroscience）やシステム神経科学（Systems Neuroscience）と呼ばれる領域は心理学部で研究されています。日本はそのような状況にあり

ませんので，神経活動の基礎知識については，岡田・廣中・宮森（2005）などを用いて，自主的に身につけて欲しいと思います。本章の最終部では，認知機能を薬などで向上しようと思うときに問題となる倫理についても議論してみたいと思います。

＊　　＊　　＊

1. 基礎固め

(1) 記憶の神経基盤

　てんかん発作の治療のために両側の海馬を切除する手術を受けた結果として，新しい記憶を形成することに障がいが生じた事例がある。記憶の神経基盤については，この当事者である H.M. 氏の協力によるケーススタディをきっかけとして研究が盛んとなり（Scoville & Milner, 1957），解明が進んでいった。その結果，記憶が形成されるには脳の中の海馬という領域における情報処理が重要であることが，一般にもよく知られるようになっていった（池谷・糸井，2002）。H.M. 氏は残念ながら 2008 年に 82 歳で亡くなってしまったのだが，その科学への功績については，ニューヨークタイムズに追悼記事が掲載されるほど（Carey, 2008），誰もが認めるところであろう。その海馬の神経細胞は，1 秒間に 4-10 回という頻度で集合的に電気的に活動しており，これはシータ波と呼ばれている（図 2-1）。海馬のシータ波は記憶形成に重要な役割を果たしていることがよく知られている（久恒, 2009）。例えば，海馬シータ波の出現を薬理的に妨害することで記憶形成に障害が生じる（Winson, 1978）。

　記憶の神経科学的研究は主として実験動物のラットを用いて実施されることが多く，ラットを用いて海馬シータ波の機能と出現機構は詳細に検討されてきたが，近年ではヒトとの進化的な連続性も確認されつつある。例えば，ヒトにおいて睡眠中に夢を見ることで知られているレム睡眠（Rapid Eye Movement Sleep）では，ラットでもヒトでも海馬でシータ波が出現していることが確認されている（Bódizs et al., 2001）。

海馬シータ波の出現を薬理的に妨害すると記憶形成に障害が生じるのであるならば，海馬シータ波がよく発生しやすい人ほど記憶力が良いのだろうか？この答えはおそらく YES である。その証拠として，実験動物ウサギの学習研究において，学習訓練直前の海馬から脳波を記録した研究がある。この研究では学習訓練直前において，海馬でシータ波がよく出現している個体ほど，その後の訓練での成績が良くなると報告している（Berry & Thompson, 1978）。ヒトにおいても，てんかんの治療のために海馬から直接脳波記録している方の協力による，バーチャル迷路課題に取り組んでいるときのシータ波の研究がある（Kahana et al., 1999）。この研究では，迷路課題の中でもより難易度が高い課題に取り組んでいるときにシータ波が強く出現することが示されている。

　海馬シータ波の出現は非常に広範囲の脳活動で構成される出現機構に基づいていることがよく知られている。ブランドとオッディの総論（Bland & Oddie, 2001）と筆者らによる実験報告（Takano & Hanada, 2009）を読むことで，その詳細を知ることができるだろう。海馬は解剖的には，脳の表面を覆う皮質領域の下側にある古皮質と呼ばれる部分にあるのだが，この海馬の神経細胞がシータ波となるには，さらに脳の深い部分にある視床下部から脳幹にかけての非常に広範囲の神経細胞が活性化する必要がある。特に脳幹部のアセチルコリンという神経伝達物質の活性化が，海馬シータ波を駆動するのに重要であることがよく知られている。より最近では，脳の中で報酬が獲得されるときに活性化する報酬系の起始核である腹側被蓋野（VTA）のドパミン神経が活性化することでも海馬シータ波が駆動されうることが示されており（Orzeł-

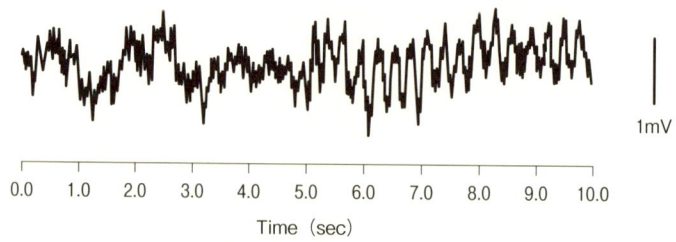

図2-1　ラットの海馬シータ波の例（Takano & Hanada, 2009 より改変）
ウレタン麻酔下における 3-4Hz 程度の海馬シータ波。中央（5.0秒）近辺で，不規則波からシータ波に切り替わっている。

Gryglewska et al., 2013)，筆者は脳には海馬シータ波を駆動するために複数のシステムが実装されている可能性があるのではないかと思っている。

(2) 薬物による記憶の促進

では，海馬シータ波を薬物で発生させることができれば，記憶形成を促進できるのではないか？という問いをたてるのは理にかなっている。アルツハイマー型とレビー小体型の認知症の代表的な治療薬としてアリセプト®という商品名のドネペジルという物質が有名であるが，この薬は脳内のアセチルコリンの分解酵素の働きを阻害することで，脳内のアセチルコリンを増やすように作用している。アリセプトが認知症の進行をある程度遅らせることができるという結論に関しては研究者間でも合意が取れていると思われる。

脳幹部のアセチルコリン系の神経細胞の活性化は，上述したように海馬シータ波の出現に寄与している。例えば，アセチルコリンの作用を強める物質（アゴニスト）を海馬シータ波の脳幹部駆動領域に注入することで，海馬でシータ波が駆動できることが調べられている（Vertes et al., 1993）。しかし，これらの方法を応用することで，通常よりも記憶が良くなるという研究はこれまで存在しないだろう。この原因として，記憶成績による天井効果や記憶の上昇をみるための実験課題不足を指摘することもできる。しかし，記憶の機能としてトータルリコールすることは適応的とは言えないのも確かであるので，実際のところはよく分からない。

しかしながら，高齢のモデル動物を用いた研究において，私たちに希望をあたえてくれる研究もある。高齢のウサギと若いウサギを用いた学習実験において，同じく訓練すると高齢ウサギの方が学習できるようになるまでに多くの訓練回数を必要とするのだが，この年齢による学習能力の差を縮めることに成功したというのである（Asaka et al., 2002）。この研究では，なんと高齢のウサギの海馬の脳波を観察しながら，海馬でシータ波が出現しているときにのみ，学習訓練を実施したのである。その結果，学習能力の年齢差が縮まったのならば，やはり海馬シータ波の出現を調節していく方法は学習記憶を良くするための方法として有望であると思われる。

2. Q&A

❶ 薬物の代わりに非侵襲的脳刺激法はどうだろうか？

脳では，基本的には神経細胞同士がシナプスを介して，電気的な信号を電気化学的な信号に変換することで情報を伝達しあっている。そこで，非常に素朴なアイデアとして脳に電気刺激を加えることで脳機能を調節することができるのではないかというものがある。このアイデアは古くからあるのだが，2000年代になって非侵襲的な脳の電気刺激方法として経頭蓋直流電気刺激法（tDCS）が提案されるようになった（田中・渡邊, 2009）。tDCSとは，頭皮上に名刺より少し小さいくらいのパッド状の電極を二つ貼り，その二点間に1-2mAという微弱な直流電流を数十分程度流す方法である。陽極直下の皮質の神経細胞を活性化することや陰極直下の皮質の神経細胞を非活性化することができると考えられており，この2つの電極を頭のどこに配置するかで，その効果が変わるとされている。

クラークら（Clark et al., 2012）は，右半球の下前頭回皮質（inferior frontal cortex）と右半球の頭頂皮質（parietal cortex）の直上に陽極，右腕に陰極用の電極を配置し，30分間，2.0mAという微弱な直流電流を流すことにより，物体認知の能力が向上することを報告している。このような報告は近年増えてきており，tDCSによる認知機能のエンハンスメントは現実味を帯びて来ていると思われる。

❷ tDCSのような頭皮の上からの微弱な電気刺激で本当に脳に影響に影響をあたえることができるのですか？

tDCSの研究は臨床応用研究が先行していたが，最近ではMRI室で使用できるtDCSの装置の普及により，fMRIを活用した作用機序解明も進んでいる。筆者らはtDCSの作用機序を解明するために実験動物のラットのモデル実験系を開発してきた（Takano et al., 2011, 図2-3）。人間で行われているtDCSを模して，実験動物のラットの頭髪を刈った後に，頭皮上にパッド上の電極を配置するモデルを開発した。そして，tDCSによる刺激が，そもそも脳内の神

経活動に影響を及ぼしているのかどうかfMRIを用いて検討した。脳の内側前頭前野直上にあたる頭皮上に陽極用の刺激電極を置き，肩に陰極用の刺激電極を配置して，人間で使用されているのと同等の電流密度の刺激が用いられた。その結果，頭皮の上からの陽性刺激で脳内の前頭前野の信号強度の増加が認められ，神経活動が活性化していることが分かった。

　さらに興味深いことに前頭前野よりも脳の深部にある側坐核の神経活動の活性化も同時に生じており，刺激電極から離れた脳領域にもtDCSは影響を与えることができることも同時に分かった。この発見により，頭皮の直下の皮質領域以外にもtDCSにより，脳活動を操作できる可能性が開けてきた。そして，筆者の共同研究グループにより，ヒトにおいても同等の研究結果が報告された（Chib et al., 2013）。この意義は非常に大きく，例えば重度のパーキンソン病患者の中には，パーキンソン病の病巣である黒質線条体を電気刺激するために脳内に電極を留置するという治療を受けているケースがある。これまでは黒質線条体は脳の深部のため神経活動を調節するために人工的に電気刺激する必要性がある場合には直接脳の中に電極を挿入するという手術を受けるしか方法がなかった。今後のtDCS研究の進展によっては，このような脳深部刺激のために頭蓋を開頭する手術を受ける負担を減らすことができるかもしれない。

　その第一歩として，我々はtDCS刺激により線条体の神経細胞のシナプス間隙におけるドパミン遊離量を増加することができるかどうか検討した（Tanaka et al., 2013）。パーキンソン病の原因の1つに，脳内のドパミンの不足を挙げ

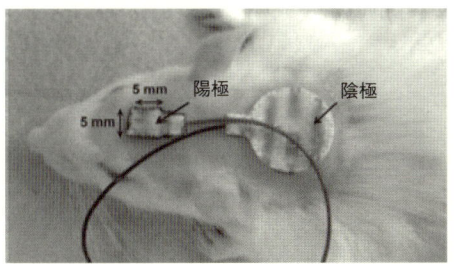

図2-3　tDCSのラットモデル（Takano et al., 2011 より改変）

　この例では陽極（Anode）を前頭前野直上の頭皮に，陰極（Cathode）を首肩辺に貼っている。

ることができるため，その治療としてドパミンを増やすためにLドーパという薬を服用しているからである。その結果，運動野の直上からの陰極刺激により線条体のドパミン遊離量を増やすことができた。同時に計測された他の神経伝達物質であるセロトニンの遊離量には影響は全く生じていないことも示された。この刺激法でドパミン系に限定的に刺激の効果が生じているのか今後も慎重に検討していく必要性がある。

3. 将来に向けて

　スマートドラッグやtDCSによる脳機能エンハンスメントの手法が科学的に確立され，その使用が私たちの意思決定に委ねられるとして，何か問題があるのだろうか？　実はこの問題については科学的にはよく分かっていない。つまり，認知機能を通常より良くしたとして，副作用（サイドエフェクト）として何が生じるのか，調べられていないのである。例えば，風邪薬など私たちが日常入手することができる薬には，「眠気が生じる可能性があります」など副作用に関する言及がたいていの場合はある。スマートドラッグについては，今後の研究が待たれる状況である。倫理学的な考察については，むしろ科学の現状よりも先を進んでいる。例えば，入学試験のような場面で，良い成績のために，スマートドラッグやtDCSを使用することは良いことなのだろうか？　これらの使用に経済的な問題が生じたときに，入学試験は平等なものと言えるのだろうか？　安全性が補償されないような安価な海賊版が出回らないだろうか？　このような具体的な問いはいくらでも考えうるし，さらにはスマートドラッグやtDCSによる認知機能のエンハンスメントは人間性を変えてしまうのではないか？　という人間観を問うこともできるだろう。このような問いに関する議論は，信原ら（2008）やサンデル（Sandel, 邦訳2010）で詳しく学ぶことができる。

　例えば，「テストのために，コーヒーを飲みながら，栄養ドリンクを飲みながら，眠気と戦い，できるだけ長時間集中して勉強する」といった場合，どのように思われるだろうか？　コーヒーを飲まないで，栄養ドリンクを飲まないで，同じ時間，同じ量の勉強をすることが通常，努力しだいで，可能であると

考えられているので，倫理的な問題が生じないと思うのが一般的であろうか。しかし，スマートドラッグやtDCSを併用した場合は，それらを使用することができない状況よりも，より短時間で同じ内容を習得できる可能性があるから問題であると感じる人が多くなるだろうか。生得的な資質以外で，努力で超えられないことに対して，私たちは不安を抱き，問題を感じるのかもしれない。

　何を問題と感じやすく，どのような反応をしてしまうのかについては，心理学的な研究が可能である。例えば，永岑・楠見（2010）では，脳科学への知識と態度を検討しており，「能力増強剤を使用して身体的（知的）能力を増強させることは，社会的に許されるか」どうかについて検討している。その結果，我々はそれを許容しない態度を持っていると示している。この研究は，脳科学の研究が進展して，実社会への応用を目指すときに，社会がその技術を必要とするかどうかを判断する未来社会像を抱かせる。脳科学をはじめ，様々な科学技術に対するリテラシー教育が大切になってくると思われるが，私たち人間が主観的に許容することができない人間観というのがあることは間違いなく，その特徴を詳細に科学的に解明することや，その問題の解決方法についての研究がもとめられるだろう。それと同時に，私たちが素朴に抱くイメージ，例えば「薬で認知機能は向上できるのだろうか？」のような問いに対して，科学技術でどこまで何ができるのか，そのサイドエフェクトも含めてしっかりと解明していかなければならない。

自己紹介

　「こころ」の仕組みについて関心を抱き，心理学と神経科学の手法を組み合わせて，ヒトとラットを対象として研究に従事してきた。「こころ」はそのままでは目にすることができない訳だが，実験を通じてデータという形でならば，目にすることができるようになる。このことが楽しくて今日まで，実に様々な研究手法に挑戦し，本当に様々な「こころ」の姿に出会うことができたと思っている。その中でも，本章で紹介することができた「薬などの外的刺激操作」により，脳に働きかける研究群で見えてきた「こころ」の姿は興味深く思われる。今後の科学のあり方，我々人間のあり方そのものを問うための研究分野として，脳機能エンハンスメントを位置づけることができるだろう。

●引用文献●●●

Asaka, Y., Mauldin, K. N., Griffin, A. L., Seager, M. A., Shurell, E., & Berry, S. D. (2002). Nonpharmachological amelioration of age-related learning deficits: The impact of hippocampal theta-triggered training. *Proceedings of the National Academy of Sciences of the United States of America*, 102, 13284-13288.

Berry, S. D. & Thompson, R. F. (1978). Prediction of learning rate from the hippocampal electroencephalogram. *Science*, 200, 1298-1300.

Bland, B. H. & Oddie, S. D. (2001). Theta band oscillation and synchrony in the hippocampal formation and associated structures: The case for its role in sensorimotor integration. *Behavioural Brain Research*, 127, 119-136.

Bódizs, R., Kántor, S., Szabó, G., Szûcs, A., Eröss, L., & Halász, P. (2001). Rhythmic hippocampal slow oscillation characterizes REM sleep in humans. *Hippocampus*, 11, 747-753.

Carey, B. (2008). H.M., an Unforgettable Amenesiac, Dies at 82. The New York Times Dec.5.

Chib, V. S., Yun, K., Takahashi, H., & Shimojo, S. (2013). Noninvasive remote activation of the ventral midbrain by transcranial direct current stimulation of prefrontal cortex. *Translational Psychiatry*, 3, e268.

Clark, V. P., Coffman, B. A., Mayer, A. R., Weisend, M. P., Lane, T. D., Calhoun, V. D., Raybourn, E. M., Garcia, C. M., & Wassermann, E. M. (2012). TDCS guided using fMRI significantly accelerates learning to identify concealed objects. *Neuroimage*, 59, 117-128.

池谷裕二・糸井重里 (2002). 海馬：脳は疲れない ほぼ日ブックス 朝日出版社

Kahana, M. J., Sekuler, R., Capalan, J. B., Kirschen, M., & Madsen, J. R. (1999). Human theta oscillations exhibit task dependence during virtual maze navigation. *Nature*, 399, 781-784.

久恒辰博 (2009). シータ脳を作る―人生を成功に導く脳波の出し方 講談社

Maher, B. (2008). Poll results: Look who's doping. *Nature*, 452, 674-675.

永岑光恵・楠見 孝 (2010). 脳神経科学リテラシーをどう評価するか 科学技術コミュニケーション, 7, 119-132.

Nuñez, A., Cervera-Ferri, A., Olucha-Bordonau, F., Ruiz-Torner, A., & Teruel, V. (2006). Nucleus incertus contribution to hippocampal theta rhythm generation. *European Journal Neuroscience*, 23, 2731-2738.

岡田 隆・廣中直行・宮森孝史 (2005). コンパクト新心理学ライブラリ 14 生理心理学 サイエンス社

Orzeł-Gryglewska J., Kuśmierczak M., Matulewicz P., & Jurkowlaniec, E. (2013). Dopaminergic transmission in the midbrain ventral tegmental area in the induction of hippocampal

theta rhythm. Brain Research, 1510, 63-77.
Sandel, M. J. (2007). *The case against perfection: Ethics in the age of genetic engineering*. Cambridge, MA: Belknap Press of Harvard University Press. (林　芳紀・伊吹友秀 (訳) (2010). 完全な人間を目指さなくてもよい理由―遺伝子操作とエンハンスメントの倫理　ナカニシヤ出版)
Scovile, W. B. & Milner, B. (1957). Loss of recent memory after bilateral hippocampal lesions. *Journal of Neurology, Neurosurgery, and Psychiatry*, 20, 11-21.
信原幸弘・原　塑（編著）(2008). 脳神経倫理学の展望　勁草書房
Takano, Y. & Hanada, Y. (2009). The drinving system for hippocampal theta in the brainstem: An examination by single neuron recording in urethane-anesthetized rats. *Neuoroscience letters*, 455, 65-69.
Takano, Y., Yokawa, T., Masuda, A., Niimi, J., Tanaka, S., & Hironaka, N. (2011). A rat model for measuring the effectiveness of transcranial direct current stimulation using fMRI. *Neuroscience letters*, 491, 40-43.
田中悟志・渡邊克巳（2009). 経頭蓋直流電気刺激法：ヒト認知神経科学への応用　*Brain and Nerve*, 61, 53-64.
Tanaka, T., Takano, Y., Tanaka, S., Hironaka, N., Kobayashi, K., Hanakawa, T., Watanabe, K., & Honda, M. (2013). Transcranial direct-current stimulation increases extracellular dopamine levels in the rat striatum. *Frontiers in systems neuroscience*, 7：6.
Vertes, R. P., Colom, L. V., Fortin, W. J., & Bland, B. H. (1993). Brainstem sites for the carbachol elicitation of the hippocampal theta rhythm in the rat. *Experimental Brain Research*, 96, 419-429.
Winosn, J. (1978). Loss of hippocampal theta rhythm results in spatial memory deficit in the rat. *Science*, 201, 160-163.

 顔を覚えるよい方法はありますか？

　あります。顔の記憶の研究は，これまでにたくさん行われています。どのように顔を見れば後で正確に思い出すことができるか，どのような顔が覚えやすいか，などの心理学の研究を活用することで，顔の記憶を向上させることが可能になると考えられます。また，顔の記憶の研究は，犯罪の捜査場面における目撃証言の正確さ向上のために応用され，心理学の科学的な検証に基づいた，目撃証言聞き取り方法が開発されています。目撃証言の場合，犯人の顔を見ているそのときに，その人が犯人であると分かっていることばかりではありません。したがって，意識して犯人の顔を覚えていない場合もあります。そのような場合でも，後から正確に顔を思い出す必要があるので，顔の記憶を回復するための方法も研究されています。これらの研究は，捜査場面のみならず，私たちの日常生活や，高齢者や事故などで顔の記憶力が低下した人へのリハビリテーションへの応用も期待されています。

＊　　＊　　＊

1. 基礎固め

(1) 社会における顔の役割

　私たちは，社会の中で他者と関わり生きている。私たちは社会生活において，相手のこころの状態や気持ちを，言葉以外の様々なシグナルから読み取って理解している。例えば，相手が何かに目線を送っていたら，その目線の先に注意を向けているものがあると理解する。そのとき，瞳孔が大きく開かれてい

たら，注目している対象に興味があるのだと読み取る。また，頬が緩んでいたら，その人はリラックスした状態にあるのだと理解する。このように，言葉に表さなくても相手の顔を見ることで，その人がどのような状態にあるのかを理解することができる。ビジネスではテレビ電話会議がしばしば行われる。単に電話会議ではなく相手を見ながら話しあうテレビ電話会議が好まれるのは，顔を通じて考えや意見のやり取りを行うことができるため，言葉だけでは伝えられないより多くの情報の交換ができ，円滑にコミュニケーションを図れるためであると考えられる。

さらに私たちは，顔を意図的に利用して，自分の状態や考えや立場を，社会に発信している。親が子どもを叱るとき，わざと怖い顔をすることがある。これは，真剣に怒っていることをより効果的に伝えるために，道具として顔を利用していると考えられる。また女性は，日常的に化粧を行う。会社の面接などへ向かう際には，シックな化粧を施すが，これは自分がまじめな人物であることを演出するために有効であると考えられる。一方，休日には華やかな化粧を施し，自分が開放的な気分であることを，化粧をした顔を通じて表明する。実際，化粧の濃さを変えることによって，他者に与える印象も変わることが報告されている (Russell, 2009)。このように，私たちは意識的・無意識的に顔を通じて，自分や他者の状態や気持ちを読み取っており，「顔」そのものが社会生活で負う役割は非常に大きい。

(2) 顔の認知の特異性

顔は社会生活において非常に重要であるが，顔を見たときに行われる認知処理は，他の対象を見たときとは異なる特異的な処理であることが知られている。例えば，道端に石ころが落ちていれば，それは小枝や鳥の羽ではなく石ころであると理解することができる。同様に私たちはある人の顔を見て，それが石ころや小枝ではなく顔であると理解することができるが，そればかりではなく，その顔が知っている人の顔なのか知らない人の顔なのか，また知っている人の顔ならば，その人が誰で自分との関係はどういったものなのか，ということまで多くの場合瞬時に理解することができる。つまり私たちが人の顔を見るとき，それが他のカテゴリーと区別して顔であると理解するだけではなく，異

なる顔同士の区別を瞬時に行っているのである。一見当たり前に思えるこの能力は，社会生活において非常に重要である。例えば，初対面の人を友人と見間違って話しかけてしまえば，社会的に不適切な態度となる可能性があり，円滑な社会生活を営むことが難しくなる。もし自分の知人の顔と面識のない他人の顔とを区別する能力がないならば，社会的に大きな不利益を被ることは想像に難くない。

　顔認知の特異性は，側頭葉に位置する紡錘状回という脳部位が損傷されることで顔の認知に障害がもたらされる相貌失認障害の存在からも示唆される（Barton et al., 2002）。レンジ（De Renzi, 1986）は，顔以外の認知機能は保たれている一方，顔の認知機能のみに障害がもたらされた患者について報告している。マッカーシーとワーリントン（McCarthy & Warrington, 1986）は，顔の認知機能は保たれていながら他の対象の認知機能に障害がもたらされた患者について報告している。これらのことから，顔独自の認知機構が脳内にも存在することが示されている。

(3) 全体処理／部分処理

　顔の認知の特異性は，どのような働きによりもたらされるのであろうか。私たちは人の顔を見るとき，全体処理と部分処理を行っていると考えられている。全体処理とは，目と目の間の距離など，パーツとパーツの関係性に関する処理である。部分処理とは，目や鼻など，一つ一つのパーツに注目する処理である。私たちは，顔を見るとき全体処理と部分処理の2種類の処理を行っているが，主に全体処理を行っていると考えられ，このことが顔認知の特異性に寄与していると考えられている。

　顔の認知では全体処理が主に用いられていることを証明する現象の一つとして，倒立効果が挙げられる（Yin, 1970）。倒立効果とは，記憶テストにおいて，テスト対象が正しい向き（正立）で提示される場合よりも逆向き（倒立）で提示される場合の方が，記憶成績が悪くなる現象である。一般に，顔以外であっても，倒立提示される場合の方が正立提示される場合に比べて記憶成績は悪くなるが，顔の記憶においては，倒立提示によって著しく記憶成績が悪くなる。これを，顔の倒立効果という。正立提示時のパーツとパーツの位置関係

図3-1　サッチャー錯視（Thompson, 1980）

は，倒立提示時には変わってしまう。したがって，倒立提示の場合，正立提示の際に行っていた全体処理を容易に行うことができない。顔の記憶では他の対象に比べ，正立提示において，より全体処理に頼っているため，その全体処理が利用しにくい倒立提示については，著しく記憶成績が低下し，顔の倒立効果が生じると考えられている。したがって，倒立効果が生じることが，日常生活での顔の記憶において，全体処理が主に行われている証拠であると考えられている。

　同様に，顔の認知では全体処理が主に用いられていることを支持する現象として，サッチャー錯視が知られている。トンプソン（Thompson, 1980）は，英国元首相のサッチャーの顔写真を加工した写真を作成した。加工した写真は，オリジナルのサッチャーの顔写真の目と口の向きのみを逆さまにして切り貼りしたものであった。オリジナルの写真と加工した写真を倒立に提示すると，2枚の写真の違いは顕著ではない。しかし，正立に提示すると，2枚の写真の違いは明らかとなり，加工した写真は非常にグロテスクなものとして認知される。これは，倒立提示された写真に対しては，全体処理が困難になることが原因として挙げられる。これらの研究より，全体処理を主に行うことが，顔の認知の特異性に寄与すると考えられている。

2. Q & A

❶ 顔の記憶だけは苦手です。どうしてですか？

　私たちは顔を見たとき，個人を特定する必要があるが，顔以外の刺激については，同カテゴリー内で個々を特定する必要はほとんど無い。したがって，求められる記憶が異なり，より詳細な記憶が求められる顔の記憶だけが苦手という事態は，起こりうるだろう。また前述の通り，個人を特定するときに「全体処理を主に用いる」ということが顔の記憶に特異的であると考えられているが，顔の記憶における全体処理の特徴そのものも特異的であることが示唆されている。ワンら（Wang et al., 2012）は，顔の記憶成績とNavon課題の成績に相関がないことを報告している。Navon課題とは，小さな図形でできた大きな図形中の大小いずれかの図形を読み取る課題である。Navon課題で大きな図形を読むことは全体処理が必要であり，小さな図形を読むことは部分処理が必要であると考えられる。もし顔で行われている全体処理がNavon課題の大きな図形の読み取りで用いられる全体処理と共通であれば，2つの課題の成績の相関は高くなるはずである。しかし，2つの課題の成績に相関は見られなかった。したがって，顔の記憶で行われる全体処理は，顔の記憶に固有であると考えられる。

　ではなぜ顔の記憶の全体処理は，他の全体処理と異なるのであろうか？　1つには，経験の要因が挙げられる。私たちは日々多くの人の顔を見ている。顔

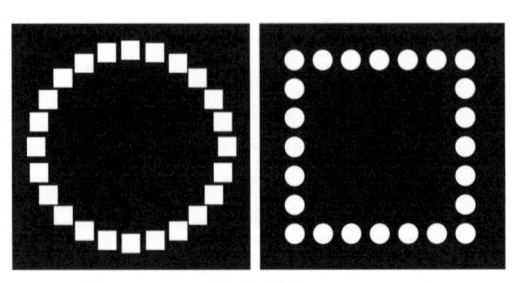

図 3-2　Navon 課題の例（Wang et al., 2012）
　　左の図の場合，全体処理では○，部分処理では□，右の図の場合，全体処理では□，部分処理では○となる。

を見るとき，ただ顔の形状を見ているだけではなく，全体処理を用いてその人が誰なのかを瞬時に判断している。言い換えれば，毎日顔を見分ける訓練を行っているといえる。この訓練の結果，顔の記憶の全体処理だけが特別な処理になると考えられる。サングリゴリら（Sangrigoli et al., 2005）は，幼少期にフランスの家庭に養子として迎え入れられその後フランスで成長した韓国人は，アジア人よりも白人の記憶成績が有意に高い一方，幼少期のみをフランスで過ごした韓国人は，白人よりもアジア人の記憶成績が有意に高いことを報告している。このことからも，顔の記憶の熟達には，どのような顔を見て成長してきたかという社会経験が重要であることが分かる。またゴーティエとター（Gauthier & Tarr, 1997）は，訓練によって顔以外でも顔と同様の全体処理を行うことができると主張している。

顔で行われている特別な処理が，他の対象においても行うことができるようになるかどうかについては議論が続いているが，「顔」を見たときに行わなければならない記憶の内容が他のものと大きく異なること，そして「顔」というものが社会生活を営む上で非常に重要であるため，間違えたときの不利益が大きくなることが，顔の記憶だけが苦手であるという意識を生む原因の一つと言えよう。

❷ 私の顔をしっかり覚えてもらうには，どうしたらいいですか？

顔の記憶に影響を与える要因は，目標要因，観察者要因と状況要因に大別できる。目標要因は，覚える対象である顔の特徴に関する要因で，観察者要因は，顔を覚えようとする人に関する要因である。また状況要因は，どのような環境で顔を覚えるかに関する要因である。従って，自分の顔をしっかり覚えてもらうためには，まず目標要因に着目する必要がある。目標要因の一つとして，示唆性を挙げることができる（Shapiro & Penrod, 1986; for review）。示唆性とは，ある集団においてその顔自体にどれくらい独自性があるかということで，例えば，男性だけの集団に一人だけ女性がいれば，その女性の顔は示唆性が高くなると考えられる。このように，他と比べてどれくらい際立っているかどうかが示唆性であると考えられるので，同じ顔であってもどのような集団に属しているかによって，示唆性は変わることになる。たとえ魅力的な顔で

あっても，同程度魅力的な顔の人物が集まっている集団では，覚えにくい顔になってしまう。逆に平均的な魅力度の顔であっても，魅力的な集団の中では示唆性が高まるので，覚えられやすい顔となる。

このように，自分の顔をしっかり覚えてもらうためには，どれくらい他の人と異なるかが重要である。もし就職活動における集団面接などで，他の受験者が緊張した顔をしているのなら，自分はあえて穏やかな笑みを浮かべて欲しい。そうすれば，印象も良くなり，加えて示唆性も高まり，記憶に残りやすくなり，内定へ一歩近づくかもしれない。

❸ 見覚えはあるのに，名前が出てきません。どうしたらいいですか？

私たちはある人物を見たとき，単にその顔の形を思い出しているだけではなく，その人の顔をきっかけとして，その人がどのような人物かを思い出している。例えば，正面から歩いてくる人の顔を見て，その人が自分のクラスメートであり，テニスサークルに所属している人で，名前は〇〇だ，などを，瞬時に思い出すことができる。私たちは，ある一人の人物について，その人の所属や社会的な地位などの「意味記憶」を有していると考えられるが，名前の記憶はこれら意味記憶とは異なる方法で保持されていると考えられている。ヤングら (Young et al., 1988) が行った実験により，人物に関する意味記憶と名前は，異なる方法で記憶に保持されていることが明らかとなった。ヤングらの実験では，政治家と芸能人の写真が同数用いられた。それぞれの写真の半分はDavidという人物の顔写真で，残り半分はMichaelという名の人物の顔写真であった。実験では，一枚ずつ顔写真が提示され，その写真の人物の職業（政治家または芸能人），または写真の人物の名前（DavidまたはMichael）を答えることが求められた。実験の結果，"政治家" と答えるよりも "Michael" と答えるほうが50ms長く時間がかかることが明らかとなった。もし職業と名前が同じような形式で記憶に保持されているのなら，2つの回答の反応時間に差は見られないはずであるが，名前を答える方が長く時間がかかったことより，職業のような人物に関する意味記憶と名前とは異なる形式で保持されており，さらに名前の方が意味記憶よりも顔との結びつきが弱く，思い出すことが難しいことが示唆された。

では，なぜ名前を思い出すことは，人物に関する意味記憶を思い出すことより難しいのだろうか？　原因の一つには，顔の見た目と名前の間に必然性がないことが挙げられる。例えば，顔が真っ黒に日焼けした人を見れば，その見た目をきっかけにスポーツ系のサークルに所属していることを思い出し，さらにテニスサークルに所属していることを芋づる式に正しく思い出せると考えられる。つまり，テニスサークルに所属していることを表すしるしが顔に現れていると考えられる。一方名前は顔の見た目との関連が無いため，顔を見ただけでは名前を思い出すきっかけが無く，顔と名前の結びつきが弱くなり，思い出すことが難しくなると考えられる。

　それでは，どのようにすれば顔を見てすぐに名前も思い出せるようになるのか？　そのためには，顔と名前のセットだけで覚えるのではなく，その人の属性も同時に覚えることが有用であると考えられる。能登ら（2005）の認知症患者に関する研究において，人の顔や名前を覚えるときに，その人の個人情報も同時に提供することが有用であることが示唆されている。この原因として，個人の属性に関する情報を複数介することによって，顔と名前の結びつきが増えることが可能性として挙げられる。また，顔と名前の間に必然性はなくても，名前と個人属性の間に，何らかの関連性が認められる可能性が高くなることも原因として挙げることができる。したがって，ただ名前を覚えようとするだけではなく，その人の職業や性格なども同時に覚えることが効果的であるといえる。覚える記憶の個数は増えるが，結果的に後で名前を正しく思い出しやすくなるであろう。

❹ 顔の記憶をもっと良くすることはできますか？

　顔の記憶に影響を与える要因を理解することによって，顔の記憶成績を向上させることは可能である。もし，あらかじめ後で顔を思い出す必要があることが分かっている場合は，覚え方を工夫すれば良い。覚えるときには，まずその人がどのような人物なのかの印象判断を行うと良い。顔の記憶には，全体処理が重要であるが，印象判断などその人の性格や属性などについて判断することは，全体処理を促進するとされている（Wells & Hryciw, 1984）。初めて会って，どのような人なのかあまり分からなくても，当てずっぽうで「優しそう」

「真面目そう」などと印象を判断すると，顔の記憶は良くなるであろう。

　印象判断が十分に行われ，さらに余力があれば，顔の特徴的なパーツを探すと，さらに顔の記憶が良くなる可能性がある。顔の記憶では，全体処理を用いることが記憶成績の向上に繋がるが，これは部分処理を全く行っていないことを意味しない。部分処理も顔の記憶に寄与していることが報告されており（Cabeza & Kato, 2000），また，場合によっては部分処理が顔の記憶に重要となることもある。したがって，プラスアルファとして顔のパーツを覚えておくことは，顔の記憶を良くすることに役立つかもしれない。ただし，あくまでも全体処理を邪魔しない程度に顔のパーツを覚える必要がある。顔の記憶に「どの程度」全体処理と部分処理が寄与しているのか，お互いにどの程度干渉しあうのか，未だ明らかになっていないが，印象判断などに伴う全体処理をメインに行い，余力の範囲で顔のパーツに注目する部分処理を行うと良いだろう。

　それでは，後に顔を思い出す必要が生じた場合，顔の記憶をさらに良くすることは可能なのであろうか？　近年の研究で，初対面のときに顔を覚える工夫をしなくても，顔を思い出す直前に何を行っているかによって，その後の顔の記憶成績が変わることが示されている。ワイヤーら（Wyer et al., 2010）は，明日自分が何を行っているか想像した後に顔の記憶課題を行う場合と，5〜7ヶ月後自分が何を行っているか想像した後に顔の記憶課題を行う場合とを比較した。その結果，覚える条件は同じであっても，5〜7ヶ月後を想像した後の顔の記憶成績の方が，明日の想像後の顔の記憶成績よりも良かった。つまり，遠い未来を想像してから顔を思い出した方が，記憶が良くなることが示された。また日根（2013）は，地元で遊んでいるところを想像するよりも，海外で遊んでいるところを想像してから顔を思い出した方が，記憶が良くなることを示している。これらのことより，たとえ初対面のときに覚える努力をしていなくても，近い未来や近い場所など自分にとって身近なことに関して想像した直後に顔を思い出すと記憶成績は悪くなり，遠い未来や遠い場所など，現在の自分と距離が遠いことに関する想像をした後に顔を思い出すと記憶が良くなると言える。ただ単に，遠い未来や遠い場所について想像するだけで顔の記憶成績が良くなるなら，試す価値はあるだろう。

❺ 近い将来，顔認証技術で個人が特定されるようになるのでしょうか？
　顔認証技術の進歩により，実用化に耐えうるデバイスが登場している。2014年8月現在，顔認証技術を利用した出入国手続きの実証実験が成田，羽田空港で行われており，三次元顔認識システムなどの開発により，より高精度の技術が構築されつつある。この加速度のまま開発が進めば，いずれ人ごみの中でも顔認証技術を利用することで，個人を特定することも可能かもしれない。
　しかし，顔認証技術の仕組みと，私たちが行っている顔の認識の仕組みは，全く異なる。顔認証技術の進歩は，そのアルゴリズムの向上とそれを支えるマシンのスペックの向上によって可能となっている。一方人間の顔の認識は，訓練によって精度は増すものの，乳幼児でも可能な非常にプリミティブな機能であると考えられ，高度な技能は必要ない。この点において，人間の顔認識の仕組みの方が，効率が良いといえるだろう。また，私たちは顔を見たとき，その顔が誰なのかが分かるだけでなく，その人の表情や視線などを同時に読み取り，相手の気持ちを想像したり状態を推測したりすることができる。このような複雑な処理を，高度な訓練を必要とせず，瞬時に，繰り返し，日常的に行うことができる顔認識技術の開発は，将来においても難しいかもしれない。

3. 将来に向けて

　顔の研究はたくさん行われている。その内容は，化粧の効果や目撃証言，さらには顔認証技術の開発など，多岐に渡っている。顔の記憶研究に関しては，近年では，覚えるときに覚える努力をしていない場合でも，後から記憶を回復することができるかどうかに関する研究が盛んに行われている。これらの研究は，特別な訓練をせずとも，顔の記憶成績を向上させるテクニックへの応用が期待されている。わが国においては，高齢化が社会問題になって久しいが，認知症により，近親者の顔を見ても誰であるのか思い出すことができないことがある。しかし，心理学における近年の顔の記憶研究を応用することにより，親しい人の顔を思い出しやすくなることが可能になるかもしれない。このことは，認知症患者本人のみならず，介護する家族へも大きな喜びをもたらしてくれるであろう。このように，顔の記憶研究は，なぜ人の顔の記憶だけは特別な

のか，という非常に根源的な疑問に答えるのみならず，我々の生活を豊かにするために応用できる素晴らしい研究分野であるといえる。

> **自己紹介**
>
> 私は心理学の研究者だが，大学は理工学部へ進学した。これは，数学や物理が得意だからという積極的な理由からではなく，受験時に理系科目の方が暗記する必要が少なくてすむという，消極的な理由からであった。当時の私にとって，暗記とは，多大な時間が掛かる煩わしいものであり，また確実に覚えたと思っていても，あるとき，急にふっと消えてしまい私を慌てさせる恐怖の対象でもあったのだ。若い頃の私は，あの手この手で暗記を避ける努力をした。ところが，社会人になった私はある日，3人の名前がまぜこぜになった名前で職場の人を呼んでしまうという大失態を犯してしまった。そのとき私は，人の顔の記憶だけは，自分の記憶を頼りにする以外，手立てが無いということに気づいた。顔以外の記憶ならメモを取って後で見返すことができるが，顔の記憶に関しては，出会った人全ての人の顔写真を撮って，後でそれを見返し暗記することは，全く非現実的である。初めて出会ったそのときに正しく覚える，次回会ったそのときに正しく思い出す，このことが顔の記憶には必要なのである。そこで，長年正面から向きあうことを避けてきた記憶，特に顔の記憶の研究に取り組もうと思うに至った。顔の記憶を研究していると，記憶パフォーマンスが向上する状況などを発見することがあり，そのようなときは，自分の記憶力も，もっともっと向上するのではないかと，非常に期待が膨らむ。誰でも自分自身についての悩みがあるものであるが，その自分自身の悩みを解決するための研究ができ，答えを追求できる心理学は，魅力的な学問だ。

●引用文献 ●●●

Barton, J. J., Press, D. Z., Keenan, J. P., & O'Connor, M. (2002). Lesions of the fusiform face area impair perception of facial configuration in prosopagnosia. *Neurology*, **58** (1), 71-78.

Cabeza, R. & Kato, T. (2000). Features are also important: Contributions of featural and configural processing to face recognition. *Psychological Science*, **11** (5), 429-433.

De Renzi, E. (1986). Current issues on prosopagnosia. In H. D. Ellis, M. A. Jeeves, F. Newcombe, & A. Young (Eds.), *Aspects of face processing* (pp.243-252). Dordrecht: Martinus Nijhoff.

Gauthier, I. & Tarr, M. J. (1997). Becoming a "Greeble" expert: Exploring mechanisms for face recognition. *Vision Research*, **37**, 1673-1682.

Hine, K. (2013). Carryover effect of configural and featural processing in face recognition. 慶應義塾大学大学院社会学研究科学位請求論文（未公刊）

McCarthy, R. A. & Warrington, E. K. (1986). Visual associative agnosia: A clinico-anatomical study of a single case. *Journal of Neurology, Neurosurgery, and Psychiatry*, 49, 1233-1240.

能登真一・二木淑子・笠井明美・皆川陽子・毛利史子（2005）．認知障害のある高齢者に対する顔と名前の記憶訓練の効果：multiple baseline designによる検討　作業療法, 24, 154-162.

Russell, R. (2009). A sex difference in facial contrast and its exaggeration by cosmetics. *Perception*, 38, 1211-1219.

Sangrigoli, S., Pallier, C., Argenti, A. -M., Ventureyra, V. A. G., & Schonen, S. D. (2005). Reversibility of the other-race effect in face recognition during childhood. *Psychological Science*, 16 (6), 440-444.

Shapiro, P. & Penrod, S. (1986). Meta-analysis of facial identification studies. *Psychological Bulletin*, 100, 139-156.

Thompson, P. (1980). Margaret Thatcher: A new illusion. *Perception*, 9, 483-484.

Wang, R., Li, J., Fang, H., Tian, M., & Liu, J. (2012). Individual differences in holistic processing predict face recognition ability. *Psychological Science*, 23, 169-177.

Wells, G. L. & Hryciw, B. (1984). Memory for faces: Encoding and retrieval operations. *Memory & Cognition*, 12, 338-344.

Wyer, N. A., Perfect, T. J., & Pahl, S. (2010). Temporal distance and person memory: Thinking about the future changes memory for the past. *Personality and Social Psychology Bulletin*, 36, 805-816.

Yin, R. K. (1969). Looking at upside-down faces. *Journal of Experimental Psychology*, 81, 141-145.

Young, A. W., Ellis, A. W., & Flude, B. (1988). Accessing stored information about familiar people. *Psychological Research*, 50, 111-115.

Q4 自己（セルフ）とはなんですか？

　自己に関する問題意識は人によって異なります。それによって自己という言葉が指す意味も，研究をする意味や目的も大きく異なります。例えば精神科医は，統合失調症の患者が体験する「させられ体験」に興味を持つでしょう。これは動作の自己主体感，例えば手足を動かした主体が確かに自分であるという感覚，が障害される病態です。ここで興味の対象となっている「自己」は身体の運動に関する自己です。一方で，動物や子どもの発達を調べている心理学者は，動物や小さな子どもが鏡に映る自己像を自分だと認知できるかどうかを細かく調べます。鏡像自己を認知する能力を持っている動物や子どもは，他の個体・子どもの心情に配慮する能力があることが観察や実験によって示されており，二つの能力には関係があると考えられています。ここで興味の対象となっている「自己」は，他者理解と表裏一体の自己です。さらに，社会心理学や青年期の発達心理学では，自分の社会的な価値の評価や社会における役割意識などを研究対象とします。ここで興味の対象となっている「自己」は，より複雑な社会の中で概念的に形成される自己です。このように「自己」という言葉は様々な意味を持ち，異なる研究分野で異なる動機で研究がすすめられています。

　このような多様な「自己」ですが，脳科学的な視点からは大きく3つに分けることができます（Sugiura, 2013）。これは「自己」に特異的な脳の活動領域を見つけようとした，脳機能マッピング研究の成果を分析した結果です。「自己」は脳のどこにあるのだろう，と過去約20年間に，数多くの研究者が様々な実験パラダイムを使って，自己に特異的な認知処理の神経基盤を大脳皮質にマッピングしてきました。しかし，その結果は一致せず，自己に特異的な認知処理や脳領域というものは存在しないらしい，ということが分かってきまし

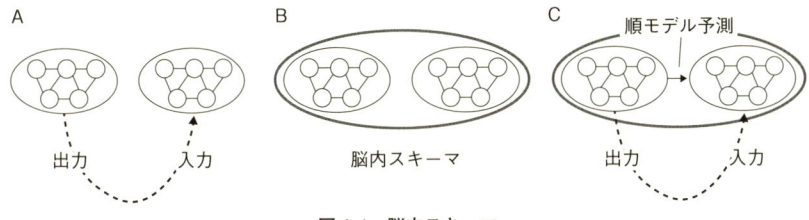

図 4-1 脳内スキーマ

出力計画の脳内表象とフィードバック入力の脳内表象（A）が連合し脳内スキーマ（B）が形成される。これに基づいた順モデル予測（C）が「自己」という概念・現象の鍵になる。

た。その一方で，自己に特異的な脳活動は，その皮質上の分布パターンで，大きく3つに分類できそうだということも見えてきました。その3つとは①身体的な自己，②対人関係的な自己，③社会価値的な自己，です。それぞれの自己は，異なる大脳皮質領域の活動と関係があります。

これら3つの自己は，たまたま同じ「自己」という名前を持っているだけで，全く無関係な3つの概念・現象なのでしょうか？ 私はそうは思いません。3つの自己は，実は情報処理的には同じ構造を持っていて，処理する情報の中身が違うだけだというのが筆者の考えです（Sugiura, 2013）。いずれも，出力に対するフィードバック入力の連合（脳内スキーマ）に基づいた順モデル予測が鍵になります（図 4-1）。逆を言えば，このような情報処理的性質を持っている概念・現象を，我々は「自己」と呼んでいるのだと思っています。

それぞれの「自己」に関する個別の問題を解決する上で，このような認知神経科学的な視点が常に意味を持つわけではもちろんありません。しかし，「自己」という概念・現象について，研究分野間の垣根を越え，個別の問題の域外で議論しなければいけない場面では，認知神経科学という実証的な立ち位置は極めて有効です。また，「自己」という概念・現象の背後にある脳レベルの情報処理メカニズムを考えることで，個別の問題にも新しいアプローチが見えてくる可能性は大いにあると思っています。

* * *

1. 基礎固め

(1) 身体的自己（図4-2）

　身体的自己は脳科学的には，自分の身体運動とそれに対する感覚フィードバックの連合である「感覚運動スキーマ」に関わる現象である。身体的自己に関わる脳活動は，主に感覚連合野（感覚情報の高次処理領域）と運動連合野（運動計画領域）で見られる。

　動作の自己主体感は自身の動作に対して随伴する感覚フィードバックによってもたらされる。例えば，ボタンを押す（運動）と必ずランプが点灯する（感覚フィードバック）のであれば，ランプを点灯させるという動作に自己主体感が生まれる。ここで，ボタンを押すという運動計画と，ランプが点灯するという視覚情報処理の連合が感覚運動スキーマになる。この感覚運動スキーマを使えば，ボタンを押すときにランプが点灯することを予想（順モデル予測）できる。予想通りにランプが点灯すれば，その動作を行ったのは「自己」になる。ランプが点灯しなかったり，タイミングがずれたり，別のランプが点灯したりした場合，予測と実際の感覚フィードバックの間に誤差が生じる。この予測誤差によって，この動作を行ったのは自分ではないという感覚，つまり「他者性」が生じる（Frith et al., 2000）。

　感覚運動スキーマは身体的自己のために存在する仕組みではない。本来の目的は我々の身体運動の制御である。ある目標（感覚入力）に到達するために，

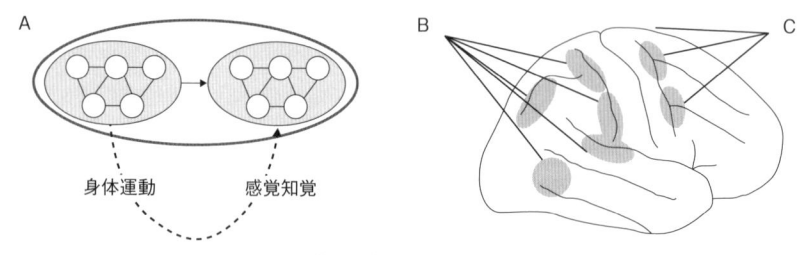

図4-2　身体的自己とその脳内スキーマ

　身体的自己は，自分の身体運動とそれに対する感覚知覚フィードバックの連合である「感覚運動スキーマ」（A）に関わる現象であり，主に感覚連合野（感覚情報の高次処理領域：B）と運動連合野（運動計画領域：C）が関与する。

どのような動作をすれば良いのかをこのスキーマを使って計算し（逆モデル推定），動作を実行した結果と目標とのずれ（予測誤差）を調整する，というのが我々の身体運動制御である（Wolpert, 1995）。

脳活動計測で，感覚運動スキーマに対応する感覚連合野と運動連合野の活動が見られるのは，感覚運動スキーマに注意を向けているとき（例：ボタンを押しながらランプが点灯するか注意して見ているとき）と，予測誤差が生じた時（例：ランプが点灯せず「他者性」が生じたとき）である。当たり前のようにボタンを押して当たり前のようにランプが点灯したときは，実はこれらの領域はあまり活動しない。我々の日常生活は様々な動作の連続だが，それら一つ一つについて自己主体感をかみしめているわけではない。日常的な動作の自己主体感はほとんど意識に上らず，脳活動にも反映されない。これは，感覚フィードバックを予測することで，その感覚情報処理を抑制する機構が働く結果だと考えられている。それによって，不必要な感覚情報処理を省き，脳の情報処理を「省エネ」することができる。例えば，もし歩くときに足からの感覚フィードバックを全て意識していたら，気が散って疲れてしまう。統合失調症の「させられ体験」は，動作時に感覚フィードバックが適切に抑制されず，生じた予測誤差によって自身の動作に「他者性」が感じられる病態だと考えられている（Frith, 2000）。

身体的自己には運動の自己主体感の他，身体の自己所属感（自分の手足などが，自分の身体に属している感覚）も含まれる。自分の手足を動かすときには，視覚だけでなく，触覚や固有知覚（筋の伸び縮みの程度を腱で検知）などの体性感覚や聴覚など，様々な様式の感覚情報が同時にフィードバックされる。これらの多様式の感覚の脳内連合が，身体の自己所属感を生み出すと考えられる。実験的に感覚間の連合を操作することによって，ゴムの手錯覚（rubber-hand illusion）のような，身体の自己所属感の錯覚を引き起こすこともできる（Tsakiris & Haggard, 2005）。

自分が写った写真や録画されたビデオ動画を見る際にも，感覚運動スキーマに対応する感覚連合野と運動連合野の活動が見られる。これはそもそも，自分の顔や身体といった視覚的脳内記憶表象が，鏡の前でその表象が形成される際の動作自己主体感の体験と，密接に結びついているからだと考えられる。

また，感情的な自己も身体的な側面を持っている。脳科学的には感情は脳と身体と両者で起きる出来事であり，感情によって身体で起きる生理的事象（心拍変動など）は，脳にとっては脳の「外部」の出来事として知覚される。そういった「内部知覚」に関わるのが島皮質という脳領域である（Craig, 2002）。自身のある動作に対して，何らかの感情が随伴する場面があれば，運動計画と内部知覚フィードバックの連合として，感覚運動スキーマが形成される。言葉では表現しづらい，身体深部の感覚的な「自己」という体験が，この感覚運動スキーマの働きで説明できるかもしれない。

(2) 対人関係的自己（図4-3）

対人関係的自己についても，身体的自己と同様に，自身の対人行動とそれに対する相手の反応の連合としての「対人関係スキーマ」に関わる現象として，説明が可能である。対人関係的自己に関わる脳活動は，主に前頭葉背内側部と頭頂葉や側頭葉外側の多様式連合野で見られる。これらの領域は，他者の意図や心情の推測（心の理論）に関わることが知られている領域である。

人の視線や反応が気になる状態や性格を俗に「自意識」過剰と言ったりする。髪を切った翌朝や，とっておきのギャグを披露した瞬間には，誰でも他者の反応が気になるだろう。ここで感じている「自意識」は，自身の行動に対する他者の反応への期待，すなわち対人関係スキーマへの注意と考えることができる。

朝，出勤・登校して出会う同僚・友人に，「おはよう」と挨拶をすれば「お

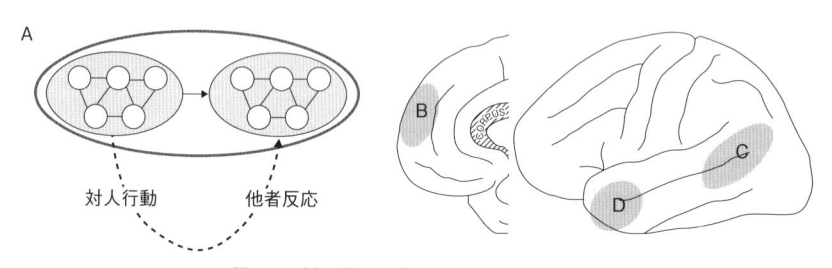

図4-3　対人関係的自己とその脳内スキーマ

対人関係的自己は，自身の対人行動とそれに対する相手の反応の連合としての「対人関係スキーマ」（A）に関わる現象であり，主に前頭葉背内側部（B）と頭頂・側頭葉接合部（C），側頭極（D）など頭頂・側頭葉外側の多様式連合野が関与する。

はよう」という反応が返ってくる。ある人にどういう場面でどのような対人行動を取れば，どのような反応が返ってくるか，我々は大体予想することができる。もし挨拶が返ってこなかったり，「どなた様ですか？」といった反応が返ってきたりしたら，我々は驚く。これは，我々がこの同僚・友人について対人関係スキーマを持ち，対人行動の際に順モデル予測を行っている証拠である。対人関係スキーマは特定の人物についてだけでなく，特定の属性を持った集団についても存在する。我々は知らない相手であっても，相手の年齢・性別・民族・社会的立場等に応じて，例えば相手が高齢の男性か若い女性かによって，言葉遣いや話題などの対人行動を使い分ける。この使い分けは，特定の属性を持った集団について個別に対人関係スキーマを持っていないと不可能である。一般性という意味で究極の対人関係スキーマは，「人は一般にこう行動したらこう反応する」といった，人間一般についてのスキーマであろう。

対人関係スキーマは，我々の日常的な対人行動で重要な役割を果たす。ある相手から期待する反応を引き出すために，どのような行動を取れば良いのかをこのスキーマを使って計算し（逆モデル推定），行動の結果生じた相手の反応と期待とのずれ（予測誤差）を修正する，というのは我々のごく一般的な対人行動制御である。

脳活動計測で，対人関係スキーマに対応する前頭葉背内側部と頭頂葉・側頭葉外側多様式連合野の活動が見られるのは，身体的自己と同様に，やはりスキーマに注意を向けているときと予測誤差が生じたときである。前者には，例えば前の日に失礼なことをしてしまった同僚に翌朝挨拶をした際に，相手の反応が気になるとき，後者には，例えば挨拶をしたのに何も反応が返ってこなかったとき，があてはまるであろう。当たり前のように「おはよう」という挨拶に「おはよう」という反応が返ってきたときは，おそらくこれらの領域はあまり活動しない。

対人関係スキーマの働きが「自己」と関係づけられるのは，多くの場合，スキーマに注意が向くときであろう。「自意識」は，誰かが自分のことを見ている，あるいは自分の名前が呼ばれただけでも生じ，そのときこれらの脳領域が活動する。誰かが自分に関心を持っているということは，自分の行動に対してその人が何らかの反応をする可能性が高いわけで，いつもより自身の立ち振

舞いに注意を払う必要がある。そのときにその人についての対人関係スキーマ（もしそれが誰か分からなければ人間一般についてのスキーマ）に注意を向けるのは，適応的な認知過程である。

面白いことに，これらの領域は自分の顔を見たときには，逆に活動が低下する。確かに，目の前にある顔が自分の顔であるときだけは，対人関係スキーマに注意を向ける必要がない。人間の顔を見たときにほぼ自動的に起こってしまう対人関係スキーマへの注意を，抑制する機構が働いているのだと考えられる。それによって，脳の情報処理を「省エネ」することができる。この抑制機構は，動物や小児における鏡像自己認知の発達過程と深い関わりがあるかもしれない。多くの動物や1歳未満の子どもは，鏡の中の自己像に対して，それが他の個体・子どもであるかのように社会的反応を示す。ごく一部の動物と2歳前の子供が，鏡像自己認知ができるようになる直前に，そういった社会的反応を止める（Gallup, 1982）。この特徴的な発達過程と，顔情報に自動的に誘発される対人関係スキーマへの注意の抑制に，関係があるかもしれない。

(3) 社会価値的自己（図4-4）

社会価値的自己についても，身体的自己や対人関係的自己と同様に，自分の行動とそれに付与される社会的価値との連合である「社会価値スキーマ」に関わる現象として，説明が可能である。社会価値的自己に関わる脳活動は，主に前頭葉腹内側部と頭頂葉内側の多様式連合野，これらと接する（前後の）帯状

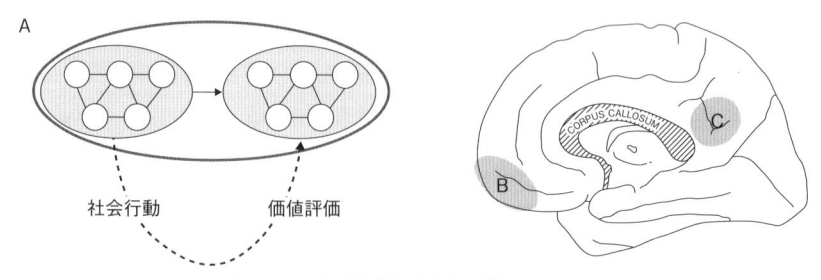

図4-4　社会価値的自己とその脳内スキーマ

社会価値的自己は，自身の社会行動とそれに付与される社会的価値との連合である「社会価値スキーマ」(A) に関わる現象であり，主に前頭葉腹内側部〜帯状回前部皮質 (B) と頭頂葉内側〜帯状回後部皮質 (C) の多様式連合野が関与する。

回皮質で見られる。これらの領域は，複雑な価値に基づいた判断や場所・出来事の記憶に関わることが知られている領域である。

社会価値スキーマは自分の社会的役割や立場と深い関係がある。ある文脈において価値を持つ行動，すなわち自分が取るべき行動・取らなければいけない行動の一揃いが，社会的役割や立場の実体である。自分が学生であれば，勉学に関する行動が評価される。運動選手であれば，その運動競技や練習に関する行動が評価される。飲食店のアルバイトであれば，接客に関する行動が評価される。そして，一人の人間は生活の中で複数の文脈を持っている。例えば，大学で昼間は学生としての役割を演じ，夕方は部活で運動選手としての役割を演じ，夜は生活費を稼ぐために飲食店のアルバイトの役割を演じるといった具合に。

社会的価値の特徴はその相対性である。集団の中での順位や，何らかの基準に達しているかどうかが問題である。学生が同じように勉強しても，運動選手が同じように競技をしても，アルバイトが同じように接客しても，他の学生・選手・アルバイトの「成績・成果」や与えられた基準によって，自身の社会的評価は変わる。

社会価値スキーマは，我々の日常の行動，特に社会的評価につながる重要な意思決定において，重要な役割を果たす。ある文脈において，望まれる社会的価値評価を得るためにどのような行動を取るべきか，社会価値スキーマを使って計算し（逆モデル推定），行動の結果得られた社会的価値評価と期待とのずれ（予測誤差）を補正する。

脳活動計測で，社会価値スキーマに対応する前頭葉腹内側・頭頂葉内側の多様式連合野と帯状回皮質の活動は，身体的自己や対人関係的自己と同様に，スキーマに注意を向けているときと予測誤差が生じたときに見られる。前者にはあらゆる現実的で重要な意思決定場面，例えば今勉強や仕事をすべきかそれとも遊ぶべきか決めるとき，があてはまる。後者には，自身（の行動）の社会的価値を揺るがす情報を知覚した場面，例えば重要なテストで得点が予想外だったときや尊敬する人物から予想外の評価を受けたとき，があてはまるであろう。

「自分はいったい何者か」という問いは青年期の古典的な苦悩であるが，この脳内スキーマの自己モデルで考えると，この問いは複数の社会価値スキーマ

の重みづけの問題と考えられる。我々の日常の時間や体力・経済力といった資源（リソース）は有限である。このリソースをどの社会価値スキーマ，つまりどの文脈における自己に優先的に分配するかというのがこの問いである。ある大学生が運動選手としての自己に生きると決めた場合，日常生活の意思決定の大部分をその社会価値スキーマによって行うことになる。学生としての自己や，アルバイトとしての自己は時間等の資源上，犠牲を払わなければならない。また，社会的存在としての我々は，ある社会的文脈の自己が下した意思決定を，他の文脈の自己も引き受けなければいけない。運動選手としての自己の発言について，学生としての自己や，アルバイトとしての自己も無責任ではいられない。

この複数の自己（文脈固有の社会価値スキーマ）の中から代表者を決めるという作業，あるいは自己の間で適切に資源を分配するという作業，すなわち自己の統合がどのように行われるのかについては，いくつかの異なった見方がある。まず西欧伝統の合理的人間観では，理性的・俯瞰的な自己が，複数の文脈固有の自己を調整するというイメージに一般化できるであろう。一方で，最近はそんな理性的・俯瞰的自己の存在を否定し，複数の文脈固有の自己「達」が，お互いを尊重しあいながら議論の上でお互いの重みづけを決めてゆくというような見方（Hermans & Kempen, 1993）も脚光を浴びている。また，こういった自己統合過程の異常，あるいはバリエーションとして，多重人格という状態を解釈してみることも有意義かもしれない。

2. Q & A

❶ 3種類の自己は，発達的にはどのような関係にあるか？

私は発達的な階層性を想定している。感覚運動スキーマの成熟が対人関係スキーマ発達の前提となり，その成熟が社会価値スキーマの発達の前提になると考えている。

赤ちゃんはお母さんのお腹の中でも身体を動かしている。そのため感覚運動スキーマの形成は，運動と体性感覚フィードバックの連合に関する限り，おそらく胎児の段階から始まっている。視覚に関わるスキーマのみが誕生後に急速

に進む。

　対人関係スキーマの発達は，そもそも乳児が「他者」を認知できるようになってからでないと始まらない。この「他者」，すなわち自己の動作に反応してくれる相手を他の物理的環境から区別できるようになる過程についてはまだ分かっていない。有力な仮説が2つある。1つは子どもが生まれつき「他者」を認知する能力を持っているというものである。新生児模倣の知見（生まれて間もない赤ちゃんが，大人の表情を模倣することがある）や新生児の顔・目の選好注視（生まれて間もない赤ちゃんが，顔や目，あるいはそれに似た視覚刺激を好んで注視する）の知見がその根拠とされる。もう1つは，感覚運動スキーマの発達によって「他者」を認知するというものである。健全な赤ちゃんの生育環境では，赤ちゃんの身体運動や表情，発声に対して，養育者は頻繁に何らかの反応（模倣・声掛け・ボディータッチ）を返す。これが赤ちゃんの脳の中で，自分の動作に随伴する感覚フィードバックとして連合されれば，感覚運動スキーマと同じ理屈で「他者」が認知される，という考え方である（Gergely, 2001）。私は後者の立場を取る。

　ミラー・ニューロンという特殊な神経細胞が，特に社会性の認知発達に興味を持つ研究者から注目されている（Rizzolatti & Craighero, 2004）。ある動作を自分が行うときにも，同じ動作を他人が行うのを見ているときにも活動する，つまり運動計画と視覚情報を連合している神経細胞である。最初はサルの脳で発見され，同じような細胞群が人間でも存在することが脳機能マッピング研究から示唆されている。誰もが自然に思いつくのは，この神経細胞が人間の「模倣」という行為に役に立ちそうだということである。この細胞が人の脳に生まれつき存在し，人が模倣を通じて社会性を発達させ言語を獲得する基盤になっていると期待する研究者も少なくない。私は，そう思っていない研究者（e.g., Heyes, 2010）の一人である。ミラー・ニューロンは「他者」認知に関わる感覚運動スキーマの一部として，学習によってミラー的性質を獲得した神経細胞だと思っている。すなわち，自身のある動作に随伴して，他者がほぼ同じ動作を行う社会的環境，例えば二人で同じ動作を行うような場面で，動作と感覚フィードバックの連合をコードした神経細胞だと思っている。

　このようにして獲得された運動感覚スキーマレベルの他者反応表象が，特定

の運動や感覚に限定されない抽象的な表象として，順序や条件などの文脈の中に位置づけられるようになると，話の舞台は対人関係スキーマ，すなわち前頭葉背内側部と頭頂葉や側頭葉外側の多様式連合野に移る。

　次の発達段階，すなわち社会価値スキーマの発達に，対人関係スキーマの成熟が必要な理由は，もっと分かりやすいであろう。端的に言えば，自分の行動の社会的評価は，少なくとも最初は他者の反応に依存する。行動が他人から褒められれば，その行動の社会的価値は上がる。幼児の場合，自分の行動に社会的価値が付与される機会は，養育者のポジティブな反応以外にない。すなわち，この段階では自身の行動の社会的価値は，対人関係スキーマとして表象されている。しかし大人になるにつれ，行動の社会的価値は他者の反応から独立し，社会価値スキーマとして表象されるようになる。他者から褒められようが貶されようが，揺るがない社会的価値的自己を持ち始める。この移行過程のカギになるのは，おそらく社会的価値の文脈依存性への気づきである。同じ行動を取っても文脈によって褒められる場合もあれば，貶される場合もあるという不一致を経験しながら，特定の他者の反応に依存しない社会価値スキーマを作り上げていくのであろう。

❷ 「視点取得」や「心の理論」と3種類の自己とはどんな関係か？

　他者の視点から見える風景や状況を推測する「視点取得」や，他者の意図や心情を推測する能力である「心の理論」は，考え方によっては自己と他者に関係する問題だが，3種類の自己との関係は単純ではない。

　視点取得は，視覚・空間的な意味での視点取得と心理的な意味での視点取得に分けられ，それぞれ異なる脳内スキーマと関係がありそうである。

　視覚・空間的な意味での視点取得，つまりある風景を自分と異なる位置に立つ他者の視点から見ることを想像するとき，脳活動が視覚連合野と運動連合野で上昇するという知見がある。これらの領域は感覚運動スキーマの神経基盤と重複する。この知見の根拠となる脳機能マッピング研究では，手や道具で到達可能な距離の物体の空間配置を問題にしているため，物体の操作という動作に関して，その空間配置が感覚運動スキーマとして表象されていても不思議ではない。他者視点からの空間配置を想像する課題で，その感覚運動スキーマに注

意が向き，認知負荷がかかるのは当然である。

　心理的な意味での視点取得，すなわちある状況に対する他者の心的過程をシミュレーションする作業は，心の理論とほぼ同じ過程と言える。関連する脳活動は，対人関係スキーマの神経基盤である前頭葉背内側部と頭頂葉や側頭葉外側の多様式連合野で，また時に社会価値スキーマの神経基盤である前頭葉腹内側部と頭頂葉内側の多様式連合野（及び，これらと接する帯状回皮質）でも，見られる。

　私は対人関係スキーマの成熟した結果が心理的な視点取得あるいは心の理論だと考えている。いろいろな他者（個人・集団）やいろいろな状況における対人関係スキーマが脳の中に形成されると，スキーマが対象化される。つまり，スキーマを構成する対人行動や他者反応について，第3者視点で操作が可能になる。そうすると，複数の対人関係スキーマを脳内で取捨選択したり組み合わせたりすることで，柔軟に他者の行動を解釈したり意図を推測したりできるようになる。さらに社会価値スキーマについても同様に対象化して利用することができれば，他者の心中の社会価値的自己も考慮して，行動解釈や意図推測が可能になる。これが心理的な視点取得あるいは心の理論なのではないだろうか。

❸ 自伝的記憶と3種類の自己とはどんな関係か？

　「自伝的記憶」という現象や過程をどの「自己」に関係づけるかについては，大きく2つの着目点がある。

　記憶心理学の研究者は，自伝的記憶と単なる意味記憶の違いに着目する。「私は昨日ハサミで紙を切った」のが自伝的記憶であり「ハサミで紙を切ることができる」という知識が意味記憶である。前者の特異性を，例えばautonoetic consciousness といった概念で説明する（Tulving, 1985）。脳機能マッピング研究で自伝的記憶の想起に特異的な脳活動を調べた研究は数多くある。例えば「昨日家族で泉ヶ岳にスキーをしに行ったら，寒すぎて3本だけ滑って帰ってきた」といった自分自身で体験した物語が語られるのを聞いているときと，「3日前に友人とスプリングバレーにスノボをしに行ったら，雪質が悪くて2本だけ滑って帰ってきた」といった類似の物語が語られるのを聞い

ているときの脳活動を比較する。そういった多数の研究の結果をレビューすると，自伝的記憶の想起に特異的な脳活動は，身体的自己・対人関係的自己・社会価値的自己の神経基盤である皮質領域の全てを含む広範な脳領域で報告されていることが分かる（Svoboda et al., 2006）。自己の種類にかかわらず，脳内スキーマに共通する情報処理的性質が，autonoetic consciousness を生み出すのかもしれない。

　一方，発達心理学の研究者は，自伝的記憶の物語的構造，あるいは自身の身に起きた出来事を物語る行為や語られるのを聞いたりする経験に着目する（Nelson & Fivush, 2004）。物語では必ず，特定の場所・時間・背景といった文脈で，主人公が行った行動に何らかの意味が付与される。現実の体験は多要因的で多面的で多義的だが，その中から特定の文脈と意味を抽出して構造化するのが「物語る」という行為である。自伝的出来事記憶はこういった物語構造に強く影響を受ける。また，どの文脈と意味を抽出してどう構造化するかという「スタイル」を，子どもは周囲の人々による物語りを聞くことで獲得する。例えば，どのような行動がどのような社会的価値を持つのか，はまさにそういったスタイルの重要な一側面である。したがって，（特に）社会価値スキーマの形成は，子どもが属する集団や社会の文化，すなわち固有の物語構造化スタイル，に強い影響を受ける。そういう意味では，自伝的記憶の物語的構造は，個人の社会価値スキーマが集団や社会の文化から受けている影響を色濃く反映する，良い鏡だと言えるかもしれない。

❹ 鏡像自己認知と 3 種類の自己とはどんな関係か？

　難しい問題である。鏡像自己認知に何を期待するか，という研究者個人の思想の問題になってしまうからである。

　乳児や動物が鏡像自己認知できるか否かを，古典的には「ルージュテスト」という手法で調べることになっている（Gallup, 1982）。乳児や動物の体（通常は顔面）の一部で，直接は見えないが鏡に映るとよく見える場所に，気づかれないように目立つ印（例えば口紅などで，なので「ルージュ」テスト）を付ける。乳児や動物が鏡を見てその印に気付いて，自分の身体を確認する行動を取ればテストに合格（鏡像自己認知できる）となる。

提案された70年代には非常に明確な指標だったが，80年頃から雲行きが怪しくなってきた。印をつつくようにトレーニングしたハトを，胸の直接見えない場所に印を付けて鏡の前に置いたところ，自分の胸の印をつついたという実験結果が報告されたのである。動物心理学の業界としては，これを合格とは認めないということになった。テストに「印をつつくのは自発的でなければならない」という但し書きが付いたのである。それはなぜかというと，鏡像自己認知の能力は共感性などの高次の社会的認知能力と表裏一体である，という強い期待・ドグマが業界にあったからである。業界的にはハトにそんな高次の社会的認知能力があるはずないから，鏡像自己認知ができてしまっては不都合だったわけだ。

そうなると後は観念的な話である。ハトは印のある場所が自分の胸だと分かったのだから，身体的自己というレベルでは鏡像自己認知できていたと言うべきであろう。そもそも感覚運動スキーマを形成できる能力を持った脳があれば，どんな動物だって身体的自己は持っていておかしくない。しかし，動物心理学の業界が鏡像自己認知に期待していたのはそのレベルの自己ではなかったということである。自分の顔に変な印が付いていることを気に掛けるか否かという問題になる。これは自己顔に対する他者の反応や社会的価値の問題，つまり対人関係スキーマや社会価値スキーマのレベルの自己の問題になる。そうすると，顔に変な印が付いていることが，その動物の社会や集団でどういう意味を持つかという社会環境要因，あるいはそれをどう価値付けするかという個人差要因の方が重要になる。例えば人間でも，鏡を見て寝癖を全く気にしない研究者は少なくない。そんな人々は髪型に気を使うオシャレな一般人から見ればルージュテストに不合格ということになってしまう。実際，鳥でもカケスの一種の中にはルージュテストに合格する個体もいるようだ（Prior et al., 2008）。一方で，最初にルージュテストに合格したチンパンジーでも，必ずしも全ての個体がルージュテストに合格するわけではない。ゴリラがルージュテストに合格しないという謎も，社会環境要因で説明可能かもしれない。

人間における鏡像自己認知の障害の研究もある。こちらはまた別の意味で話を複雑にする。認知症が重症化すると，患者の多くが「ミラーサイン」と呼ばれる鏡像自己認知の障害を示す。例えば鏡に映った自己像を見て「これは私で

はない。私によく似た友人である。最近よく私についてくるのだ」と主張する。それでいて，普段は普通に鏡を見ながら櫛を使ったりする。最近は，ミラーサインの本質は「誤信念の修正の障害」ではないか，というのが有力な仮説である（Coltheart, 2010）。鏡の中の自分が，普段自分が思っている自分の顔と少し違って見えることはよくあることである。例えば予想以上に疲れていたり，丸かったり，髪が少なかったり。そんな違和感から「鏡に映っているのは自分ではない」という誤った信念を持つことはありうる。しかし正常であれば，いま目の前の鏡に映っているのは自分以外にありえないという状況や，疲れたり太ったりといった顔の変化を説明する生活状況の記憶など，文脈情報を根拠に誤信念を修正することができる。その修正に失敗した結果がミラーサインなのではないか，ということである。

　個人的にはまた別の側面にも着目している。乳児や動物の鏡像自己認知の発達にしても，認知症における鏡像自己認知の障害にしても，「顔情報に自動的に誘発される対人関係スキーマへの注意の抑制」が意外と重要なのではないかと思っている。この抑制ができずに，対人関係スキーマが活動してしまうと，自分の顔に対して社会的反応が生成してしまう。その結果あるいは影響として，自己鏡像認知が適切に行われないということは，ありうるかもしれない。

3. 将来に向けて

　自己を3つに分類したところまでは脳機能マッピングの知見に基づいているが，各脳内スキーマの動的・発達的な側面については，必ずしも十分な脳科学的・心理学的証拠があるわけではない。これからは，特にそういった側面をターゲットにして研究を深め，モデルの検証・精緻化を行っていきたい。具体的には，心理行動上の個人差と（各スキーマの基盤領域の）脳活動の個人差との連関や，介入によるスキーマの変化について，積極的に研究を展開していきたいと思っている。

　心理行動上の個人差と脳活動の関係についての研究は，精神疾患やメンタルヘルスの脳機能画像診断，というアイデアにつながる。精神疾患やメンタルヘルスの問題の多くは，自己制御や自我，社会性といった自己の問題として捉え

られる。脳機能画像に基づいて，個人の3つの自己の状態を脳内スキーマの機能状態として評価できれば，適切な環境調整や治療の可能性が拓ける。

また，介入による脳内スキーマの変化については，教育学はもちろん，生活や社会のあるべき環境について考えるあらゆる学問領域にインパクトがあると考えている。現代の子どもたちが，携帯情報端末やネットといった疑似現実環境の中で生活の長い時間を過ごしていることが，子どもたちの身体的自己・対人関係的自己・社会価値的自己にどのような変容をもたらしているのかは，喫緊の検討課題であろう。また，必ず自身の動作を起点としてスキーマの獲得を想定している本モデルは，受け身で正解を与える現在の日本の教育の基本的な姿に対して，挑戦的なメッセージを持っていると思う。

自己紹介

高校時代に現代哲学の難解さに挫折した私は，失意のままこころの物質的基盤を求めて彷徨ううちに，運よく脳機能マッピングという研究の世界に出会うことができた。今また，同じ戦場に戻ってきている気がする。今度は少しはまともな戦いができるのだろうか。

本章で，既存の自己の心理モデルにほとんど言及がなかったことに，疑念を持たれた読者もおられるかもしれない。表向きは紙幅の制限のためとさせていただくが，本当はきちんと適切に論じるためには私の勉強が足りないためである。それなら勉強すればよいのだが，今は後回しにすることにしている。「自分はいったい何者か」を問うたときに，自身の時間・体力・能力といった資源を考えると，私は自身の独善的な認知・脳モデルに専念していた方が，最終的な社会的価値は高いと自己判断したためである。正統派の自己心理学の研究者の皆様からは，ぜひ批判的ながらも温かいお力添えをいただけると幸甚である。

●引用文献●●●

Coltheart, M. (2010). The neuropsychology of delusions. *Annals of the New York Academy of Sciences*, **1191**, 16-26.

Craig, A. D. (2002). How do you feel? Interoception: The sense of the physiological condition of the body. *Nature Reviews Neuroscience*, 3, 655-666.

Frith, C. D., Blakemore, S. J., & Wolpert, D. M. (2000). Abnormalities in the awareness and control of action. *Philosophical transactions of the Royal Society of London. Series B, Biological sciences*, 355, 1771-1788.

Gallup, G. G. (1982). Self-awareness and the emergence of mind in primates. *American Journal of Primatology*, 2, 237-248.

Gergely, G. (2001). The obscure object of desire: 'Nearly, but clearly not, like me': Contingency preference in normal children versus children with autism. *Bulletin of the Menninger Clinic*, 65, 411-426.

Hermans, H. J. M. & Kempen, H. J. G. (1993). *The dialogical self: Meaning as movement*. San Diego, CA: Academic Press.

Heyes, C. (2010). Where do mirror neurons come from? *Neuroscience and Biobehavioral Reviews*, 34, 575-583.

Nelson, K. & Fivush, R. (2004). The emergence of autobiographical memory: A social cultural developmental theory. *Psychological Review*, 111, 486-511.

Prior, H., Schwarz, A., & Güntürkün, O. (2008). Mirror-induced behavior in the magpie (Pica pica) : Evidence of self-recognition. *PLoS Biology*, 6, e202.

Rizzolatti, G. & Craighero, L. (2004). The mirror-neuron system. *Annual Review of Neuroscience*, 27, 169-192.

Sugiura, M. (2013). Associative account of self-cognition: Extended forward model and multi-layer structure. *Frontiers in Human Neuroscience*, 7, 535.

Svoboda, E., McKinnon, M. C., & Levine, B. (2006). The functional neuroanatomy of autobiographical memory: A meta-analysis. *Neuropsychologia*, 44, 2189-2208.

Tsakiris, M. & Haggard, P. (2005). The rubber hand illusion revisited: Visuotactile integration and self-attribution. *Journal of Experimental Psychology: Human perception and performance*, 31, 80-91.

Tulving, E. (1985). Memory and consciousness. *Canadian Psychology*, 26, 1-12.

Wolpert, D. M., Ghahramani, Z., & Jordan, M. I. (1995). An internal model for sensorimotor integration. *Science*, 269, 1880-1882.

Column 1　哲学から見た心理学

　「哲学から見た心理学」というタイトルとは，すこし異なるが，哲学と心理学との関係をざっとふり返ってみたい。あまりにも近い関係なので，「哲学から心理学を見る」のはかなり難しい。

　ヴントが 1879 年に，ライプツッヒ大学に実験心理学の研究室を創設し，哲学から心理学が独立したのは有名だ。このことにより心理学は，精神や心に関して思弁のみをこととする哲学からはなれ，実証的な科学として歩み始めた。一方，同じ 19 世紀後半は，フレーゲ，のちにラッセル，ホワイトヘッドなどにより，論理学の革命もおきる。この革命の火は，20 世紀になって，西洋哲学の世界で大きく燃え広がり，分析哲学・科学哲学となって，伝統的な哲学と勢力を二分するに至った。

　実証科学としての心理学が離脱し，さらに，今までの哲学とは全く異なる分析（科学）哲学の登場によって亀裂を生じた旧来の哲学は，その後，心理学とどのような関係になっていったのか。そして，哲学の中の広大な領域を，燎原の火のごとく支配した分析哲学と，心理学とはどのような関わりがあるのだろうか。この 2 点から，心理学と哲学との関係を素描してみよう。

　伝統的な哲学は，主にフランスを中心に，心理学の影響を受け，その知見を利用しながら発展していく。例えばベルクソンは，『意識に直接与えられたものについての試論』（英訳名『時間と自由』）(1889 年) において，当時のフェヒナーなどの精神物理学を批判し，自らの時間概念である「持続」を提示した。次作の『物質と記憶』(1896 年) では，心理学・生理学などの実証科学を充分に咀嚼して，心身二元論の問題を正面から解決しようと挑む。

　ベルクソンと同年生まれのフッサールは，数学者として出発しながらも，数学の対象を心理的なものと解釈し，フレーゲから「心理（学）主義」と批判される。その後，紆余曲折ののちに「志向性」という概念を提出し，意識の構造に独自の見取図をあたえ，後進の哲学者たちに深甚な影響をあたえた。これら両哲学者の影響のもとでメルロ＝ポンティは，ゴルトシュタインの神経生理学やゲシュタルト心理学などをつぶさに検討し，『行動の構造』(1942 年) や『知覚の現象学』(1945 年) といった著作を残す。

　そして，20 世紀も半ばを過ぎると，構造主義の一角をなす精神分析家ラカンが，哲学の世界に根底的な影響を与えた。ラカンが提示する難解な理論は，哲学における「自己」や「他者」といった問題系と密接に連関しているからだ。フッサール現象学を批判することによって登場したデリダは，フロイトの業績を高く評価しているし，同時期のドゥルーズは，精神分析学者ガタリと連名で，『アンチ・オイディプス』(1972 年)『千のプラトー』(1980 年)『哲学とは何か』(1991

年）など多くの著作をあらわす。さらに，様々な分野で活躍したミシェル・フーコーのデビュー作は，現存在分析で高名な精神医学者ビンスワンガーの『夢と実存』の序論（1954年）である。このように，心理学，精神分析は，20世紀の大陸系の哲学にとてつもなく大きな影響をあたえた。

一方，英米を中心とした哲学は，当初，科学哲学や言語分析，そして論理学が議論の中心であり，心理学的なテーマは，誰も扱わなかった。しかし，ライルの『心の概念』（1949年）が登場することにより，いわゆる「心の哲学」という分野が幕をあける。デカルトの心身二元論を批判し，心的状態を物的なものと同様に機械のように考えるやり方を「カテゴリー・ミステイク」とライルは呼ぶ。彼によれば，心的状態は，実際に存在するわけではなく，傾向性のカテゴリーに属するものであり，一切は行動主義的に説明できるという。「水を飲みたい」というのは，そのような心の状態があるわけではなく，水があれば，それを飲むだろうという傾向性にすぎない。

『心の概念』の刊行とほぼ同じ頃に，ウィトゲンシュタインも，「私的言語批判」という議論の中で，我々の「心」は，客観的に確認できるものではなく，言語のやりとり（言語ゲーム）から逆算して，「何ものでもなく，無でもない」ものとして想定できるにすぎないと考えた。「私的」なものが実在していて，それが言語化されたわけではないというわけだ。他の人びとが，「心・魂」を持っているかどうかはわからない。だが我々は，他人に対して「魂に対する態度」を取るという。これが，ウィトゲンシュタインが最後にたどりついた禁欲的立場（『哲学探究』1953年）だ。

このような潮流の中で，「心」についての多くの考え方が登場する。1950年代には，心の状態は，脳の状態に他ならないと考える「心脳同一説」（スマート，ファイグルなど）がライルの行動主義に代わって登場し，1960年代になると，心的状態をその因果的役割によって定義する「機能的状態」とみなす「機能主義」（パトナム，アームストロングなど）が提唱された。さらに1970年代には，心を「合理性」という観点から捉える「解釈主義」（デイヴィドソン，デネット）があらわれる。そしてついには，脳状態による行動の説明によって，心的状態などは必要なくなるという「消去主義」（チャーチランド）の立場にたどりつく。むろん，このような極端な考えは反発を呼び，心的状態は，日常の実践において有用であると考える「日常的実在論」（ベーカー，ホーガン）の動きも，1980年代後半から90年代にはあらわれる。

しかし，何と言っても，「心の哲学」において，最も哲学的に問題となるのは，いわゆる「クオリア」という概念だろう。チャーマーズが，「意識のハード・プロブレム」と呼んだものだ。それぞれ一人一人の意識の中の質感は，物質的なものに還元することはけっしてできない。自然科学的分析を，どれほど緻密に行ったとしても，意識内の出来事を説明するのは無理なのである。ようするに，物質

としての脳がなぜ主観的な意識体験を持つのか，という問題は，謎のまま残るのだ。

この事態を，T・ネーゲルは，「コウモリであるとはどのようなことか」(1979年) という論文の中で，ちがった角度から，はっきり示した。コウモリの神経組織や振る舞いを，我々人間がどれほど詳細に調べても，コウモリ自身の「クオリア」にはけっして到達しないだろうとネーゲルはいう。ただし彼は，現時点での不完全な物理主義を批判しているのであって，彼自身は，かならずしも反物理主義者というわけではない。

現在も，分析哲学においては，多くの立場がいりみだれて，「心」についての様々な議論が展開されている。19世紀以降の心理学と哲学との関係を考えると，ヴントによって，実証科学としての心理学と思弁的哲学とが，一旦，別々の道を歩み始めたにもかかわらず，20世紀半ばから，伝統的哲学，分析哲学双方で，ふたたびこの両学問は，接近し始めたかのように思われる。同じテーマを，互いに影響しあいながら，異なった方法によって探究する2つの分野になっているのではないか。

そして，哲学を研究するものとして，現在この上なく興味深いのは，近代哲学が始まって以来，ある意味で最も確実な基盤となっていた「われ思う，ゆえに，われあり」というデカルトのテーゼが，心理学や脳神経科学の分野で，否定されつつあるということだ (『サブリミナル・マインド』(下條信輔)，『意識は傍観者である』(D・イーグルマン) など)。

様々な実験や症例から，「われ」「私」「自己」というものは，「私」にとって自明で確実なものではなく，ある意味で，「他者」的なものだということが分かってきた。ランボーの「私は，他者である」という例の宣言が，根底的な意味で (ランボーが言ったもともとの意味とは，似てもにつかぬ意味で)，証明されつつあるのだ。つまり，「他者 (複数) 思う，ゆえに，われあり」というのが，本当のところらしい。

このことによって，今まで哲学の世界で議論されてきた「自己」「独我論」「他我問題」「自己同一性」「他者」「決定論と自由」といった問題群は，全く異なった様相を呈するだろう。能動的主体としての (透明な内面をもった)「私」という神話は，跡形もなく消えてしまうからだ。哲学だけではなく，日常 (社会) 生活における「責任主体」という概念も崩壊し，あらゆる思想や制度は，根本的に組みかえなければならなくなるだろう。

この「他者思う，ゆえに，われあり」という目眩くようなテーゼは，量子力学の多世界解釈，超弦理論，ユングとパウリのシンクロニシティなどと共に，これから到来する新たなパラダイムの礎をなす命題となることは，まちがいない。

参考文献

『時間と自由』アンリ・ベルクソン（中村文郎訳），岩波文庫，2001 年
『物質と記憶』アンリ・ベルクソン（合田正人ほか訳）筑摩書房，2007 年
『夢と実存』ルードヴィッヒ・ビンスワンガー，ミシェル・フーコー（荻野恒一ほか訳），みすず書房，1992 年
『意識する心　脳と精神の根本理論を求めて』デイヴィッド・J・チャーマーズ（林一訳），白揚社，2001 年
『意識は傍観者である　脳の知られざる営み』デイヴィッド・イーグルマン（大田直子訳），早川書房，2012 年
『＜わたし＞はどこにあるのか　ガザニガ脳科学講義』マイケル・S・ガザニガ（藤井留美訳），紀伊國屋書店，2014 年
『認知心理学の冒険　認知心理学の視点から日常生活を捉える』兵藤宗吉・野内類編著，ナカニシヤ出版，2013 年
『岩波講座哲学 05　心／脳の哲学』飯田隆ほか編，岩波書店，2008 年
『心の哲学入門』金杉武司，勁草書房，2007 年
『行動の構造』M・メルロ＝ポンティ（木田元ほか訳），みすず書房，1964 年
『知覚の現象学 1, 2』M・メルロ＝ポンティ（竹内芳郎，木田元ほか訳），みすず書房，1967，1974 年
『なぜ意識は実在しないのか』永井均，岩波書店，2007 年
『コウモリであるとはどのようなことか』トマス・ネーゲル（永井均訳），勁草書房，1989 年
『どこでもないところからの眺め』トマス・ネーゲル（中村昇，山田雅大ほか訳），春秋社，2009 年
『シリーズ　心の哲学Ⅰ　人間篇』信原幸弘編　勁草書房，2004 年
『シリーズ　心の哲学Ⅲ　翻訳篇』信原幸弘編　勁草書房，2004 年
『シリーズ　新・心の哲学Ⅰ　認知篇』信原幸弘・太田紘史編　勁草書房，2014 年
『シリーズ　新・心の哲学Ⅱ　意識篇』信原幸弘・太田紘史編　勁草書房，2014 年
『シリーズ　新・心の哲学Ⅲ　情動篇』信原幸弘・太田紘史編　勁草書房，2014 年
『ユーザーイリュージョン　意識という幻想』トール・ノーレットランダーシュ（柴田裕之訳），紀伊國屋書店，2002 年
『大森荘蔵著作集　第八巻　時間と自我』岩波書店，1999 年
『魂から心へ―心理学の誕生』エドワード・S・リード（村田純一ほか訳），青土社，2000 年
『心の概念』ギルバート・ライル（坂本百大ほか訳）みすず書房，1987 年
『サブリミナル・マインド　潜在的人間観のゆくえ』下條信輔，中公新書，1996 年
『脳と心的世界　主観的経験のニューロサイエンスへの招待』マーク・ソームズ，オリヴァー・ターンブル（平尾和之訳），星和書店，2007 年
『ウィトゲンシュタイン全集 8　哲学探究』（藤本隆志訳）大修館書店，1976 年

『ウィトゲンシュタイン全集補巻1　心理学の哲学1』（佐藤徹郎訳）大修館書店，1985年
『ウィトゲンシュタイン全集補巻2　心理学の哲学2』（野家啓一訳）大修館書店，1988年

Q5 子どもの認知機能はどのように発達していきますか？

　言葉を話すことのできない乳児が何を感じ，世界をどのように認識しているのかを探るにはどうしたらよいでしょうか。かつて乳児は目が全く見えない状態で誕生すると考えられていた時期もありました。しかし，1960年頃に，乳児の行動に基づいて乳児の認識を探る手法が開発されて以来，生まれたばかりの乳児にも様々な視覚能力や認知機能が備わっていることが明らかにされてきました。幼い乳児は身体の運動や姿勢を制御する能力が未熟で，欲しいものに手を伸ばしたり，自分で移動したりすることはできません。しかし，そんな乳児でもよく目が覚めて機嫌の良いときには，自分の目の前にある対象を「見つめる」という行動を示します。ここでは誕生初期からヒトに見られる行動の一つである「見つめる」という行動（注視行動）に基づいて乳児の視知覚・認知能力を調べる実験法について紹介するとともに，そこから得られた知見について概説します。

＊　　＊　　＊

1. 基礎固め

(1) 選好注視法（Preferential looking method）
　アメリカの心理学者ロバート・ファンツは乳児が様々な画像のうち特定の画像に対し他の画像よりも注目することを見出した（Fantz, 1961）。例えば，ファンツは乳児が顔のようなパターン（図5-1左）に注目し，同じ要素からなる顔には見えないパターンや（図5-1中），同じ面積の明暗領域を含む画像

図5-1 顔のようなパターン（左），顔らしくないパターン（中），左2つの画像と同じ分量の明暗を持つ画像（右）（Fantz, 1961 に基づいて作成）

（図5-1 右）よりも長く注視することを発見した。このように，特定の画像に他の画像よりも長く注視する行動を選好注視と呼ぶ。画像の提示順序や位置が影響しないよう注意を払った上でも乳児が偶然から予測される割合（2種類の比較画像が用いられた場合であれば全画像の注視時間の50％）よりも高い割合で特定の画像を長く注視（選好注視）するならば，乳児はその特定の画像を他の比較画像から区別したと考えることができる。選好注視反応は，まだ身体の運動をコントロールする能力の非常に限られている誕生後数日の乳児にも見出された（Fantz, 1963）。このような反応はもし乳児の目が見えず，画像を区別することができないのであれば生じないはずである。新生児においても選好注視反応が生じたという発見から，ヒトは全く目が見えない状態で誕生するのではなく，誕生時からいくらかの視覚能力が備わっていることが明らかにされたのである。

(2) 馴化法（Habituation method）

比較画像のうち一方の画像だけが乳児の注意を引く特性を持っていた場合，乳児がそれらの画像を識別するかどうかは選好注視法を使って調べることができる。例えば，先ほど述べたように乳児は顔に注目することが知られているので，顔と顔以外の画像の識別は選好注視法を使って調べることができる。では，乳児が異なる人物の顔を識別するかどうか，どのようにして調べたらよいであろうか？　この場合，比較対象となる画像はどちらも顔なので，乳児が特定の顔に注目することは期待できそうもない。このような場合に利用されるの

が馴化法と呼ばれる方法である。この方法は、乳児が画像に飽きやすく、新しい画像に注目する性質を持つことを利用したものである。

馴化法には様々なバリエーションがあるが、あらかじめ乳児に画像への馴れや飽きを引き起こした後に、画像間の識別テストを行う点で共通している。乳児の行動に基づいて、乳児が繰り返される馴化画像に十分に飽きて画像を見なくなったことを確認した後に、乳児が新奇な画像に対して注視時間の回復を示すかどうかを検討する方法を馴化－脱馴化法（Habituation-dishabituation method）という。この方法では例えば、画像への注視時間が初めの試行の50％程度にまで減少するまで画像を繰り返し提示する（馴化期間）。このように乳児の注視行動に基づいて馴化期間が決定される手続きを、乳児制御（infant-controlled）の手続きと呼ぶ。馴化期間の後、馴化画像と新奇な画像を乳児に提示する。もし乳児が新奇画像を馴化画像から識別することができれば新奇画像に対する注視時間が馴化期間の終盤の試行と比較して増加・回復する（脱馴化）のである。

一方で、乳児の行動にかかわらず一定の期間だけ画像を提示して乳児を画像へと慣れさせた後に（慣化試行）、それまでに提示された慣化画像と新奇な画像の識別を調べる方法を慣化－新奇法（Familiarization-novelty Method）という。十分な慣化の期間が設定された場合、乳児は一般に慣れた画像よりも新奇な画像に注目する。慣化画像と新奇画像間に注視時間の差が見られた場合、乳児が画像を識別したと解釈することができる。

2. Q & A

❶ 乳児はなぜ目をそらさないのか？

乳児が瞬きもせずじっと目つめる姿はほほえましいものだが、目が合ったときにはたじろいでしまう人もいるかもしれない。乳児期の瞬きの頻度は1分間に4回程度と、成人における瞬きの頻度と比べて非常に少ないのである。さらに、幼い乳児は目の前にある対象から視線を逸らす能力が未熟であることが知られている。

例えば、ギャップ効果と呼ばれる現象が知られている。図5-2のように1つ

の画像が画面の中央に提示され，乳児が画像に目を向けた後，画面の別の場所にもう1つの画像を提示する。ここで，2つ目の画像が出現した後にも1つ目の画像が画面に留まっていると（図5-2：オーバーラップ条件），生後3ヶ月以下の乳児はまるで2つ目の画像に気づいていないかのようになかなか視線を移動せず，1つ目の画像を注視し続けるのである。成人は2つ目の画像が提示されてから300ミリ秒ほどの遅れで素早く視線を移動するのに対し，2ヶ月半の乳児は2つ目の画像が提示されてから視線を移動するまでに成人の倍以上遅い1秒程度の時間を要したと報告されている（Matsuzawa & Shimojo, 1997）。一方で，1つ目の画像が2つ目の画像の出現以前に消失する場合（図5-2：ギャップ条件）は，幼い乳児もすぐに2つ目の画像へ視線を移動することができることが分かっている。このような条件では，2ヶ月半齢の乳児でも成人と比べてわずか100ミリ秒程度の遅れで2つ目の画像へ視線を移動できるのである（Matsuzawa & Shimojo, 1997）。このように，オーバーラップ条件で視線移動にかかる時間がギャップ条件よりも長くなる現象をギャップ効果と呼ぶ。この

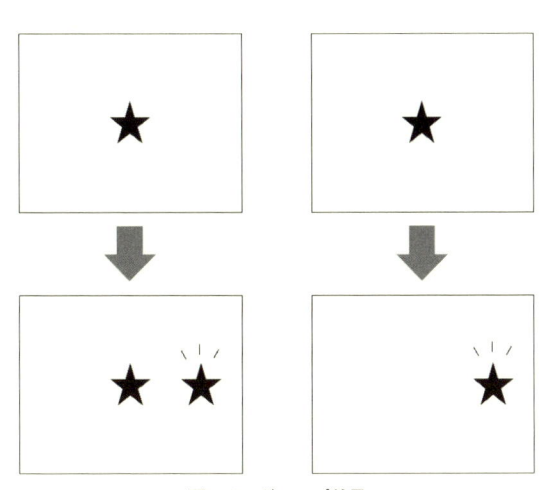

図5-2 ギャップ効果

1つ目の画像が画面中央に提示され，乳児が中央の画像を注視した後で，もう1つの画像をその周辺に提示する。左（オーバーラップ条件）：1つ目の画像が画面上に残されている状態で2つ目の画像が提示される。右（ギャップ条件）：1つ目の画像が，2つ目の画像の出現以前に消失する。

効果は特に3ヶ月未満の乳児に顕著に見られ，生後6ヶ月頃までに2条件での反応時間の差が急速に短くなると報告されている。

では，なぜ3ヶ月未満の乳児には顕著なギャップ効果が生じるのであろうか？　これは，注意機能の発達に関連すると考えられている。視野内にある対象へと次々と視線を移動するという行為は成人にとっては普段意識されることもない容易な行為である。しかし，視線を移動するためには，既に注視している対象への注視行動を抑制し，積極的に注意を逸らす過程（注意の解放）が必要とされるのである。生後3ヶ月未満の乳児ではこの注意の解放の能力が未熟であるためにギャップ効果が生じると考えられている。日常場面では，視線を向けた対象が突然消失することはまずない。このためオーバーラップ条件のような事態は日常場面で頻繁に起こるのである。そこでは，注意の解放の能力が未熟な幼い乳児は，いったん注視した対象からなかなか目を逸らさずじっと見続ける様子が観察されると考えられる。

❷ 乳児も顔を認識するのか？

乳児はいつ頃から顔を認識するようになってくるのだろうか？　生後3ヶ月頃になると，赤ちゃんは周囲の人々の顔を見て微笑むようになるため，周囲の人々も赤ちゃんが顔に興味を示していることに気づくようになるだろう。さらに，生後6-8ヶ月頃になれば人見知りをするようになって，見慣れない人物の顔を見て泣きだす乳児もいるだろう。このような人見知りの反応が出てくると，乳児が顔を区別しているようだと周囲の人々も気づき始めるかもしれない。しかし，これらの行動が生じるずっと前の誕生時から既に，乳児が顔を見分ける能力を持つことを示した研究もある。例えば，わずか生後数日の新生児が母親の顔を別の女性の顔よりも選好注視し，顔を区別したという報告がなされている（Bushnell et al., 1989; Pascalis et al., 1995）。

母親が髪型を変えたところ，子どもがびっくりして泣いてしまったというエピソードを耳にしたことがある読者もいるかもしれない。髪型の変化は大人が顔から受ける印象にも大きな変化を及ぼすが，生後間もない新生児の顔認識にも影響を及ぼすことが分かっている。新生児は母親の顔を他人の顔よりも選好注視するという報告がある一方で，髪型をスカーフで隠した場合には，新生児

は母親の顔への選好を示さなかったという報告もある（Pascalis et al., 1995）。一方で、帽子の含まれない顔画像に馴化し、帽子の加えられた画像で顔識別がテストされた場合にも、生後3ヶ月齢の乳児は顔を識別できた、という報告もある（Bulf et al., 2013）。生後3ヶ月を過ぎると乳児も顔の周辺部の情報の変化にかかわらず顔を認識できるようになると考えられる。

　我々は顔を見て、それが誰であるかを認識するだけでなく、表情や視線方向の手がかりを通して他者の情動や注意を向けている方向を読み取ることができる。このような能力はいつ頃発達するのであろうか。イタリアの研究者ファロニーらは、同一人物の顔写真の中でも視線の逸れた顔よりも正面を直視する視線を持つ顔に新生児が選好注視を示すと報告している（Farroni et al., 2002; 2006）。ただし、このような反応は顔が正面を向いている場合に限られており、顔が斜め向きの写真においては視線の方向による注視時間の差異は示されなかった。他者の視線方向の知覚はまず正面向きの顔の文脈において発達するようである。

　新生児が表情を区別する可能性を報告した研究もある。例えば、新生児に向かって成人が微笑み、驚き、悲しみなどの様々な表情を見せると、新生児は大人の表情を模倣するように、一致した表情を表出するという報告もなされている（Field et al., 1982）。しかし、後の研究からはこのような新生児における表情模倣反応はほとんど再現されておらず、一貫して模倣反応が得られるのは「舌出し」動作に対してであると議論されている（Kaitz et al., 1988）。一方で、より近年の選好注視法を使った研究から、新生児が笑顔を他の表情から識別する可能性が示唆されている。ファロニーらは（Farroni et al., 2007）、同一人物の顔写真の中でも、恐怖表情を示した写真よりも幸福表情の写真に新生児が選好注視を示すと報告している。新生児は恐怖表情よりも幸福表情をより頻繁に目にするかもしれない。このため、新生児は見慣れた母親の顔を選好するのと同じように、頻繁に目にする幸福表情に選好を示すのかもしれない。その後、生後4ヶ月から7ヶ月頃にかけて、乳児はより多様な表情を識別するようになることが多数の研究から報告されている。

　さらに、乳児も表情が表わしている情動を認識している可能性を示す報告もある。ウォーカー（Walker, 1982）は、生後5-7ヶ月齢の乳児に対して見知ら

ぬ成人女性の幸福表情の顔と怒り表情の顔の動画を対で提示した。これと同時に，一方の顔と一致した情動を表現した声を提示した。すると，乳児は声の情動と一致した表情の顔を選好注視したのである。これと同様に，生後5ヶ月の乳児は自分以外の乳児の快・不快の表情表出画像と発声によって表出された情動の一致・不一致関係を認識することが報告されている（Vaillant-Molina et al., 2013）。これらの研究の結果から，乳児が単に異なる表情を識別するだけでなく，顔と声から共通の情動を認識していることが示唆される。

❸ 乳児も物事を記憶しているのか？

かつては誰もが乳児だった頃があったはずであるが，ほとんどの大人は3歳以前の記憶を持たないことが知られている。このような現象はフロイトによって始めに報告され，幼児期健忘（childhood amnesia, infantile amnesia）と呼ばれた。

乳幼児期には記憶能力が未熟であり，乳児が何も記憶することができないのであれば大人が乳児期の記憶を持っていないことも説明できそうである。しかし，先に紹介した馴化法などを用いた研究から，乳児もある程度の記憶能力を備えていることが明らかにされている。馴化法は乳児の画像への飽きを反映した注視行動の変化を利用する方法であるが，そもそも乳児が画像を全く記憶できないのであれば，画像への飽きは生じないはずである。また，乳児が馴化・慣化した画像を何らかの形で記憶できていなければ新奇な画像との区別も生じないはずである。このことから，馴化法を用いて記憶形成の過程を検討することができると考えられる。

慣化法を用いたファンツ（1964）による先駆的研究では，生後2ヶ月から6ヶ月の乳児に対し，実験の間の全試行を通して繰り返し提示される同一の慣化画像と，試行ごとに入れ替えられる新奇画像が対提示された。各試行で，慣化画像と新奇画像は30秒ごとに左右の位置を変えて計1分間提示された。このような実験を行った際の，試行毎の慣化画像への注視時間の割合の推移を示したグラフが図5-3である。グラフから，生後2-3ヶ月・3-4ヶ月・4-6ヶ月の月齢群においては，慣化画像への注視時間の割合が徐々に減少していく様子が見て取れる。一方で，1-2ヶ月児の注視時間の割合は50%の付近からほとんど

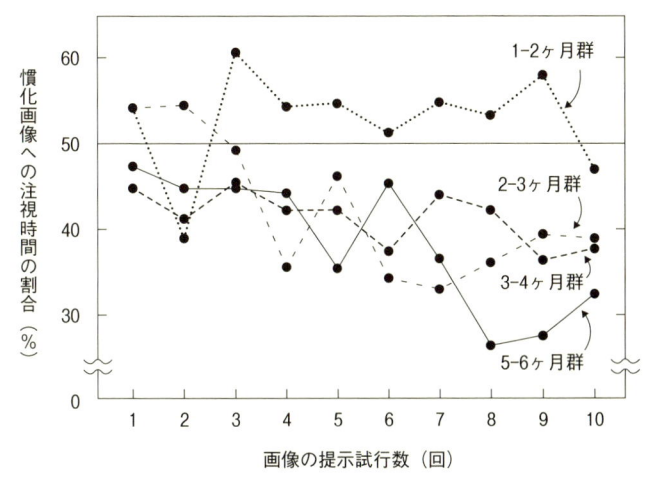

Q5 子どもの認知機能はどのように発達していきますか？

図5-3 ファンツの研究（Fantz, 1964の図1より改変）における**各月齢群**における試行ごとに繰り返される慣化画像に対する注視時間の割合の推移

変化が見られない。また，後半の3試行に注目すると，最も月齢の高い5-6ヶ月群では慣化画像への注視時間の割合が2-3ヶ月群や3-4ヶ月群よりも大幅に減少している傾向が見られる。これらの結果から，より高月齢の乳児はより短時間で慣化画像を記憶し，新奇画像へ注目し始めることが示唆される。また，他の様々な研究手法を用いた研究からも，発達に伴ってより短時間に乳児が画像を記憶するようになることが確認されている（Hayne, 2007）。

乳児がいくらかの記憶能力を備えているとしても，すぐに記憶した内容を忘れてしまうのであれば成人が乳児期の記憶を持たないことを説明できそうである。馴化や慣化の期間とその後のテスト期間の間に遅延をはさむことで，乳児がどのくらい記憶を保持することができるかを調べることができる。遅延手続きを用いた研究から，生後数日の新生児も2分間の間記憶を保持することができたと報告されている（Pascalis & de Schonen, 1994）。さらに，より高月齢の乳児を対象とした研究からは，数日間から1ヶ月ほどの遅延の後にも乳児が記憶を保持していた証拠が得られている（Bahrick & Pickens, 1995; Pascalis et al., 1998）。このような乳児の発達に伴って記憶を保持する時間が増大する傾向は注視時間以外の指標を用いた研究においても一貫して確認されている

(Hayne, 2007)。

このように乳児もある程度持続的に記憶を保持する能力を備えているにもかかわらず，なぜ幼児性健忘が生じるのかについては現在もよく分かっていない。乳幼児期における脳神経の発達・言語の獲得・自己意識の発達・社会的相互作用の他，乳児期の記憶の特性などの複合的な要因が幼児性健忘の発生機序に関与していると考えられている（Hayne & Jack, 2011; Mullally & Maguire, 2014）。

3. 将来に向けて

選好注視法を含む注視行動を指標とした研究手法は1960年代に開発されて以来，現在に至っても乳児の知覚や認知発達を検討するための重要な手法として用いられている。一方で，近年までにより新しい様々な研究手法が開発されてきた。注視行動を分析する上でも，乳児が画像のどの領域に視線を向けているのかという情報を得ることのできるアイトラッカーが乳児に対しても簡便に利用できるようになり，多くの発達研究で利用されるようになってきた。また，安全性の問題や，言語的教示のできない乳児の身体の動きを抑えることの困難さから，目が覚めた状態の健康な乳児を対象として利用できる脳活動計測法は長い間脳波に限られていた。しかし，脳表面の脳血流の変化を安全かつ比較的容易に計測することのできる近赤外分光法が開発され，2000年頃から乳児の認知機能に関連した脳活動の計測に利用され始めてきた。このように多様なアプローチが可能になったことで乳幼児期の知覚・認知の特性やその発達についてさらに理解が進んでゆくことが期待される。乳幼児期の知覚・認知の特性やその発達を理解することは，ヒトの認識の起源を探ることにつながるとともに，知覚・認知能力に障害を持つ児童を早期に発見したり，療育手法の手がかりを得ることにもつながると考えられる。

> **自己紹介**
> 筆者は中央大学において乳児を対象とした視知覚研究法を学び，乳児が視覚的な対象の形態をどのように認識しているのかを探ってきた。当初は幾何学的画像を用いた形態知覚能力の検討を行っていたが，後に社会的な視覚対象である「顔」の認識の発達についても取り組むようになった。2007年3月に中央大学大学院にて学位取得後，3年間の日本学術振興会特別研究員 PD を経て，2010年より3年間 Australian Research Counsel Postdoctoral Fellow としてオーストラリア，シドニーにある The University of New South Wales に渡航。The University of Sydney, UNSW Australia（2014年に The University of New South Wales から改称）での博士研究員を経て，2015年4月より愛媛大学法文学部に准教授として着任。

●引用文献●●●

Bahrick, L. E. & Pickens, J. N. (1995). Infant memory for object motion across a period of three months: Implications for a four-phase attention function. *Journal of Experimental Child Psychology*, **59**, 343-371.

Bulf, H., Valenza, E., & Turati, C. (2013). How a hat may affect 3-month-olds' recognition of a face: An eye-tracking study. *PLoS ONE* **8** (12) : e82839.

Bushnell, I. W. R., Sai, F., & Mullin, J. T. (1989). Neonatal recognition of the mother's face. *British Journal of Developmental Psychology*, **7**, 3-15.

Fantz, R. L. (1961). The origin of form perception. *Scientific American*, **204** (5), 66-72.

Fantz, R. L. (1963). Pattern vision in newborn infants. *Science*, **140**, 296-297.

Fantz, R. L. (1964). Visual experience in infants: Decreased attention to familiar patterns relative to novel ones. *Science*, **146**, 668-670.

Farroni, T., Menon, E., Rigato, S., & Johnson, M. H. (2007). The perception of facial expressions in newborns. *European Journal of Developmental Psychology*, **4**, 2-13.

Farroni, T., Csibra, G., Simion, F., & Johnson, M. H. (2002). Eye contact detection in humans from birth. *Proceedings of the National Academy of Sciences of the United States of America*, **99**, 9602-9605.

Farroni, T., Menon, E., & Johnson, M. H. (2006). Factors influencing newborns' preference for faces with eye contact. *Journal of Experimental Child Psychology*, **95** (4), 298-308.

Field, T., Woodson, R., Greenberg, R., & Cohen, D. (1982). Discrimination and imitation of facial expression by neonates. *Science*, **218**, 179-181.

Kaitz, M., Meschulach-Sarfaty, O., Auerbach, J., & Eidelman, A. (1988). A re-examination of newborns' ability to imitate facial expressions. *Developmental Psychology*, **24**, 3-7.

小西行郎・遠藤利彦（編著）(2012)．赤ちゃん学を学ぶ人のために　世界思想社
Matsuzawa, M. & Shimojo, S. (1997). Infants' fast saccades in the gap paradigm and development of visual attention. *Infant Behavior & Development*, 20, 449-455.
Mullally, S. L. & Maguire, E. (2014). Learning to remember: The early ontogeny of episodic memory. *Developmental Cognitive Neuroscience*, 9, 12-29.
Hayne, H. & Jack, F. (2011). Childhood amnesia. *Wiley Interdisciplinary Reviews: Cognitive Science*, 2 (2), 136-145.
Pascalis, O., de Schonen, S., Morton, J., Deruelle, C., & Fabre-Grenet, M. (1995). Mother's face recognition by neonates: A replication and an extension. *Infant Behavior and Development*, 18 (1), 79-85.
Pascalis, O. & de Schonen, S. (1994). Recognition memory in 3-4-day-old human infants. *Neuro Report*, 5, 1721-1724.
Pascalis, O., de Haan, M., Nelson C. A., & de Schonen S. (1998). Long-term recognition assessed by visual paired comparison in 3- and 6-month-old infants. *Journal of Experimental Psychology: Learning, Memory and Cognition*, 24, 249-260.
Vaillant-Molina, M., Bahrick, L. E., & Flom, R. (2013). Young infants match facial and vocal emotional expressions of other infants. *Infancy*, 18 (S1), E97-E111.
Walker, A. S. (1982). Intermodal perception of expressive behaviors by human infants. *Journal of Experimental Child Psychology*, 33, 514-535.
山口真美・金沢　創（編著）(2011)．心理学研究法4　発達　誠信書房
山口真美・金沢　創（2012）．乳幼児心理学（放送大学教材）　放送大学教育振興会

Q6 メタ認知とは，なんですか？
―メタ認知と加齢に関する話―

　反省するニホンザルの曲芸がメディアで話題になったことがあります。これは，曲芸師の「反省」という掛け声とともにサルがうなだれる芸でした。反省とは自分自身の能力や行動を振り返って評価する高度な思考の働きです。観客は曲芸のサルがその場で何かを反省したわけではないことを知った上で，その振りを楽しみました。一方，人間の日常生活では，反省のような過去へ向かう意識に加え，現在の自分の状態を見つめ，将来の自分について予測することも重要です。自己を様々な側面から見つめ，置かれた環境や目標にあわせて行動を制御していく，このような認知の働きをメタ認知といいます。サルや類人猿，鳥類などにもメタ認知の兆しが見られるという研究がありますが，この能力が最も発達しているのが私たちヒトです。人類はメタ認知を武器に自然界に君臨できているといっても過言ではないかもしれません。

　それではなぜメタ認知は武器になるのでしょうか。それは，「目標を立てて実行する」という人間の基本的な行動を支えてくれているからです。目標には「今年こそ英検1級に合格する」といった大きなものもあれば，「明日提出の宿題を忘れない」といった日々の生活を滞りなく行うための小さなものもあります。中には，「最寄り駅に行くにはこの道順で歩く」といった特別に意識しないで実行している目標もあるでしょう。目標は100％達成できる場合もあれば，70％達成できた，全く達成できない，あるいは予定より遅れたけれど達成できた場合もあります。このように，目標に対する自らの行動が計画通りできているのか，できなかった場合はその原因や対処法を考え，次の行動に活かしていく，この過程の中でのこころの働きがメタ認知なのです。

　メタ認知は，私たち一人一人が主体的に毎日を健やかに過ごし，より意味のある人生を送るための大事なこころの働きであり，教育，臨床，生涯発達など

心理学の様々な分野において重要なテーマです。人間のこころの働きは複雑です。メタ認知は，様々な認知の機能と関わっているだけでなく，感情や動機づけにも深く関わっていると考えられ，まだ分かっていないこともたくさんあります。この章では，まずメタ認知について一般に受け入れられている概念の枠組みを説明します。その枠組をふまえ，近年注目を浴びている高齢者を中心とした生涯発達心理学の観点からメタ認知研究の重要性を一緒に考えてみましょう。

＊　　＊　　＊

1. 基礎固め

　「認知」とは，自分の周りにある様々な対象を認識し，知識や経験として記憶し，行動に結びつけていくこころの働きのことである。メタ認知（Metacognition）とは，このようなこころの働きが，ある目標や環境に適合しているのかを，これまでの経験や知識に照らしあわせながら，自ら監視し，制御する能力，つまり「認知について認知する能力」である。メタ認知の構成要素についての理論は色々あるが，ここでは多くの研究者が支持している2つの要素「メタ認知的知識」と「メタ認知的活動（モニタリングとコントロール）」について紹介したい。両者の関係を正確に示すことは難しいが，パイロットの操縦をイメージしてもらうとよいかもしれない。パイロットはこれまでの経験や知識（メタ認知的知識）をもとに，現在の飛行状況を数々の計器や管制塔からの情報で監視（メタ認知的活動：モニタリング）し，天候など状況に応じて飛行速度や高度を制御（メタ認知的活動：コントロール）しながら，到着時間に合わせて安全に目的地に向かって航行する。次に，これらの要素の働きをより具体的に考えてみよう。

　「メタ認知的知識」とは，例えば，「自分は人の名前を覚えるのは苦手だけれど，読書や計算は得意」といった知識のことである。メタ認知という言葉を最初に提唱したフラベルによれば，この知識は「人」「課題」「方略」「感度」の

四つの要素からなる (Flavell, 1981)。例えば，さきほど例に挙げた「名前を覚えるのは苦手」は自分の認知特性についての知識で，「人」についてのメタ認知的知識である。自分の認知特性以外にも，「記憶は間違うことがある」「歳を取ると記憶力が衰える」といった，人間の一般的な認知特性についての知識も含まれる。

　これらの「メタ認知的知識」を基礎として，「メタ認知的活動」が行われる。「メタ認知的活動」は，「モニタリング」と「コントロール」の2つの要素からなる。モニタリングは，ある目標に対する自分の行動の達成予測，遂行中の行動内容の評価，遂行後の達成度の評価が含まれる。例えば，「話題の新書を週末に読む」という目標を決めたときに，どれくらい難しいか（難易度），どの程度達成できそうか（達成度），どのくらい時間がかかるか（時間予測）といったことを，これまでの経験や知識（つまり，メタ認知的知識）をもとに課題遂行前に予測する。課題遂行中には，計画通りできているか（予測と現状のズレの評価），できていなかったら当初の難易度や達成度を見直し，やり方（方略）や目標を変更する（「今週末は半分まで読むことにする」）こともあるだろう。遂行後は，自分の立てた目標がどの程度達成できたかを評価し，成功したり失敗したりした場合にはその原因を評価することも大切である。モニタリングは現在遂行中の目標や課題の予測や評価もあれば，過去に行なった目標や課題について自分の能力を評価し予測することも含まれる。コントロールは，自らの認知行動の管理・制御を行う働きである。課題遂行前では，達成度や達成時間について設定，計画，方略選択を行う。遂行中は，目標や計画の修正，方略の変更が関係してくる。遂行後は，次に同じようなことを行うときのために，目標の再設定，再計画，方略の再選択が含まれる。

　残念ながら，私たちはこのようなメタ認知的活動を常に首尾よく行っているわけではない。目標が計画通り遂行できなかったのに失敗の理由を考えず同じミスを繰り返す，目標が高過ぎるのに目標の再設定ができずに失敗してしまったという経験はないだろうか？　メタ認知的知識，モニタリング，コントロール，どの要素が上手く働かなくても認知活動が思い通りにできなくなる可能性がある。また，メタ認知の働きを上手く循環させていくには，感情や動機づけの要素も関わってくると考えられる。いずれにせよ，自分自身を冷静に客観視

し，自分の行動について内省できるメタ認知能力の発達にはかなり時間が必要である。

個々人のメタ認知の働きをより望ましい方向に導いていくことは簡単ではないが，例えば教育心理学や生涯発達心理学の領域の研究から，様々な方法が提案されて実践されている。本人の意識と努力，また，周囲からの働きかけによって，メタ認知能力は年齢を問わず伸ばせる可能性があるとされている。これがメタ認知研究の醍醐味である。私たちは，生涯を通じた学習者としてメタ認知を働かせながら主体的に生きていくことができる。メタ認知についてより詳しく知りたい人は，ダンロスキーとメトカルフェ（Dunlosky & Metcalfe, 2009 湯川ら訳 2010），三宮（2008），清水（2009）を参照してほしい。

2. Q & A

❶ 高齢者のメタ認知の研究はなぜ重要なのですか？

生活の向上や医療の進歩により日本人の平均余命は年々長くなってきている。2014 年度の内閣府の高齢社会白書によれば，日本は既に 65 歳以上の人が総人口に占める割合が 25.1％に到達している。2060 年には 2.5 人に 1 人が 65 歳以上，4 人に 1 人が 75 歳以上と予想されている。残念ながら加齢によって，運動能力，内蔵機能，認知能力などが衰えてくる。また，歳を重ねると仕事の現役からの引退，子どもの巣立ちなど，自身を取り巻く環境も大きく変化するだろう。自らの心身や周囲の環境の変化を理解した上で，いかに自律的に健やかに暮らし，自身の人生の目標を達成していくのか，まさにメタ認知の能力が発揮されることが必要となる。先述したように，メタ認知の構成要素や機能は多く，それらが相互に絡みあいながら働いているので全体像を把握することは難しい。けれども，高齢者のメタ認知の特徴について，研究対象を限定する形で（例えば，特定の記憶課題のモニタリング能力，学習時間の配分に関するコントロール能力など）少しずつ研究が進んできている。

❷ メタ認知の低下は，高齢者の日常生活にどのような影響を及ぼしますか？
―ソース・モニタリング編―

　加齢に伴い多くの認知機能が低下するが，その中でも顕著なものが記憶力の低下である。筆者らが行った加齢の気づきについての調査でも，歳を取ったと感じ始めるきっかけとして，記憶力の低下を最初に挙げる方は少なくない。

　高齢者の記憶のモニタリングについては，研究によって低下していないモニタリング能力も報告されているが，ここでは加齢による低下が顕著だと報告されているソース・モニタリング能力について紹介したい。これは，ある出来事や事象についての記憶がいつ，どこで，どのような状況で得られたのかを思い出す，主に記憶の検索に関わるメタ認知能力の一つである。高齢になると，複数の情報をまとめて覚える情報統合の能力が低下し，場所や時間などの記憶が曖昧になる傾向がある。その結果，昨日メガネをどこかに置いたことは覚えていても置き場所が思い出せない，先日友達と会ったのがいつだったか思い出せない，といったことが起こりやすくなる（金城, 2012）。

　このように加齢によって低下してしまった記憶力は回復できないとあきらめなければならないのだろうか。実は，記憶方略の選択によって（つまり，コントロールによって）記憶力が向上する場合があることが知られている。例えば，先のソース・モニタリングの低下は検索の仕方を工夫することによって良くなる場合がある。私たちは，考えるときにたくさんのエネルギーを消費してしまうので複雑なことや面倒なことを考えるのは自然と避ける傾向にある。みなさんは何かを思い出すときにすぐに思い出せなければ諦めてしまうことはないだろうか。研究によれば，私たちの記憶は無意識に自然と思い出せる（ヒューリスティックな）方法によるものと，論理的に系統立てて意識的に思い出す（システマティックな）方法によるものがあると言われている。ヒューリスティックな方法では，あまり苦労せずに思い出すことができるが，場合によっては思い出した記憶が間違っていたり，思い出せなかったりする。システマティックな方法は意識的に記憶を検索するので少々面倒だが，より正確な記憶にたどり着く可能性が高くなる。高齢になるとヒューリスティックな方法での記憶検索に頼る傾向があることを知っていれば（つまり，メタ知識を使えば），上手く思い出せないときに「別の方法はないか」と意識して試してみる

ことができる。

❸ メタ認知の低下は，高齢者の日常生活にどのような影響を及ぼしますか？
―自己効力感編―

　高齢者のメタ認知に関わる重要な要素に「自己効力（感）(Self-Efficacy)」がある。メタ認知の研究において自己効力感はコントロールの一つの要素として説明されている。バンデューラ（Bandura, 1977）によれば，自己効力感は「特定の課題を意図した水準でうまく遂行できる能力についての個人の判断」と定義している。自己効力とは，課題を達成するための自分の能力に対する期待であり，努力を持続させ，課題達成に良い影響を及ぼす（三宮, 2008）。高齢者研究においては，自己の認知に対する自己効力感が高齢者の生活の質の向上に深く関わることが示唆されている。自己効力感を厳密に定義することは難しいが，例えば記憶の自己効力感を記憶能力の自己評価と考えると，各種のメタ記憶尺度で測定できる。代表的なものに成人メタ記憶尺度（The Metamemory in Adulthood：MIA）があり，日本版も開発されている（金城ら, 2013）。この尺度では，「物語や小説のあらすじを思い出すのは簡単だ」「努力すれば，自分の記憶力を良くすることができる」といった質問に答えて，下位尺度ごとに得点化する。

　さて，なぜ高齢者の自己効力感の向上が重要となるのか，記憶の自己効力感を例に考えてみよう。

　同程度の記憶力を持つ80歳のAさんとBさんがいるとしよう。Aさんは「自分の記憶力はかなり悪くなり自分ではどうにもできない」，Bさんは「若いときよりも記憶力は衰えたが，工夫次第で自分でなんとか対処できる」と考えている。同じ記憶力でもこのような記憶のコントロールに関する自己効力感が違うと，行動が異なってくる。Aさんは記憶力が必要とされる場面に出かけていくことを回避し，日常で刺激のある生活から遠ざかってしまうかもしれない。人との接触を避け，家に閉じこもりがちになることによって，さらに認知機能が衰えることになる。

　このように，どのような自己効力感を持っているかが行動に影響を及ぼす。実際に筆者らが行った調査でも，記憶についての自己評価（自己効力感）の高

い人はそうでない人に比べ，自身の日常生活や健康状態により満足している傾向がある。また，日常の活動がより活発で，新聞・雑誌・本を読む，市民講座・老人大学に通う，レジャーや旅に出かける，映画や劇を観に行く，PCなどでの情報検索を行う，楽器や歌の演奏を行う，などの傾向が見られた。自己効力感が高いから日常生活がより活動的になるのか，活動的だから自己効力感が高くなるのか，因果関係についてはよく分からないが，両者は相互に影響しあっている可能性がある。いずれにせよ，記憶について自信のある人はより充実した生活を送っているようだ。

ただし，このような自己効力感が実際の記憶や認知課題の成績とどのような関係にあるのかは，実はまだよく分かっていない。直感的には，課題の成績が良い人ほど自己効力感が高いという正の相関が考えられ，実際このような結果も報告されている。他方，自己効力感の測定尺度やサンプルの年齢層によって必ずしも正の相関のみではないことが分かってきている（Kinjo & Shimizu, 2014）。もしかすると文化や性格特性など，まだ明らかになっていない別の要因が介在しているのかもしれない。こちらについては今後より詳しい調査が必要である。

バンデューラ（1997）は自己効力感を決定する4つの要因を挙げているが，特に達成経験は重要である。過去の成功経験は自己効力感を向上させ，失敗経験は自己効力感を低下させ，4つの要因の中では最も自己効力感への影響力が大きい。したがって，自己効力感を高める介入研究では達成経験に配慮した介入プログラムを期待したい。この他，フロイドとスコギン（Floyd & Scogin, 1997）は，高齢者の自己効力感を高める介入研究において，①記憶についての態度を変えることを直接の目的とした訓練（記憶の低下は避けられないという誤った信念を改善する），②記憶を実際に向上させる技術の訓練，この両者の組み合わせが必要だと述べている。

❹ **私たちの毎日の生活の質（QOL）を上げる工夫について，高齢者の研究からのアドバイスはありますか？**

現在，世界中で高齢化が進んでいるが，その中で高齢化が最も急速に進んでいるのが日本である。高齢者が健康で主体的・自律的に生活できるためには個

人として，社会としてどうすればよいか，また，高齢化に伴い増えてくる認知症を予防するためにはどうすればよいか，これらは重要な課題である。年齢を重ねても認知機能が平均以上に高い人の生活様式や特性が分かれば，この情報をヒントに QOL（Quality of Life）を確保した高齢者になるために，若いうちから何ができるかが明らかになる。

　まだまだ分からないことも多いのだが，メタ認知に限らず加齢と認知の関係について多くの研究が行われており，心理学者が研究の一翼を担っている。高齢者の自立や自律を考える上で QOL を確保するために特に重要になるのは，認知機能の低下をいかに食い止めるかである。人は歳を取ると，物事を覚えたり，思い出したりする記憶力，周囲に注意を向けたり，振り分けたりする注意力，計画を立て判断していく実行機能などが低下し，外部からの情報を選択したり理解したりするスピード（処理速度）も遅くなっていく。図6-1 は，筆者らが行った調査結果の一部である。若年者群，中年者群，高齢者群に，記憶，推論，言語能力など 6 領域 14 種類の認知課題を課して各々 Z 得点化し，全てのテストの Z 得点の総合点を年齢の若い順に左から並べている。ご覧のように，全体的には右にいくほど（年齢が高くなるほど）数値は低くなっていくが，認知機能の低下は一律ではなく個人差があることが分かる。当然個人差は若年者群でも見られる。

　これまでに，運動習慣，知的活動，社会活動，食習慣などの生活習慣が認知機能に関係があることが報告されている。例えば，ジョギングやテンポの速いウォーキングなどの有酸素運動が，注意，処理速度，記憶を向上させるという知見がある。また，本や新聞を読んだり，レジャー活動を行ったり，新しい言語を学習するなどの知的活動も認知機能低下を抑制することが報告されている。社会活動においては，例えば認知的に複雑な能力が要求される業務に従事していた人はそうでない人に比べ，認知機能低下が少ないとされている。詳しくは，権藤（2008），岩原ら（2008）などの論文を参考にしてほしい。

　この他，加齢による認知機能に影響する要因として，シャイエら（Schaie et al., 2004）は，大規模調査の結果からいくつかの点を指摘している。心血管疾患や他の慢性疾患がないこと，社会的経済的状況が高い良好な環境で生活していること，複雑で知的刺激のある環境で生活していること，配偶者の認知程

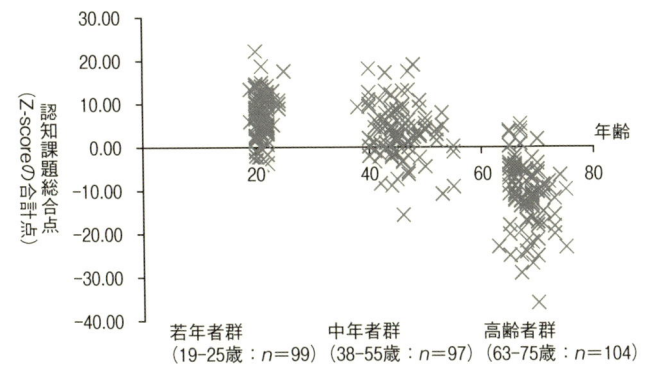

図6-1 年齢群による各種認知課題総合点の分布の違い

度が高いこと，知覚的流暢性を高い水準で維持していることなどを挙げている。さらに，性格特性についても言及しており，開放的（Openness）であるか，つまり，好奇心が旺盛で新しいアイデアや価値を享受できるか，この性格特性が数的処理を除く全ての認知テストと高い正の相関があった。

このように見てくると，実際に高齢になる前に私たちが準備できることがいくつもあることが分かる。高齢者の研究は高齢者のためだけではなく，広くその他の世代の人にも恩恵を与えてくれる。

3. 将来に向けて

今後に向けて2つの課題を述べる。まず心理学の諸領域（あるいは心理学を超えて）メタ認知に関連する知見や理論を整理して見通しを良くすることである。繰り返し述べてきたようにメタ認知の働きは複雑で様々な要因に影響されている可能性が高いが，その全貌は明らかではない。今後メタ認知について深く理解するためには，人間の高次の精神機能を意識，認知，動機づけ，感情，行動などの働きをふまえ総合的に俯瞰していかなければならないだろう。これまで認知，教育，発達，臨床など各心理学の領域で扱われてきた意識の働きについての理論や知見を整理した上で，相互に補完しあいながら統一したモデルや理論が提唱されることが期待される。

もう1つは，人生のウェルビーイング（Well-Being：心身ともに幸福な状態）についての教育の実現である。老いは将来誰しも直面する心身の変化であり，どの世代も老いから学べることがある。筆者らの調査によれば，例えば若者は加齢について漠然とした不安を持っており，別の調査でも若者は加齢についてネガティブな感情を持っているという結果が出ている。老いを恐怖として捉えるのではなく，ライフコースとしての心身の変化，認知機能の変化，そして，ウェルビーイングについて人生の早い段階から考えてもらう教育を行うと良いのではないだろうか。個々人が加齢についての正しい知識を学習できる機会が必要である。この知識を礎に，「人生を幸福に生きていくにはどうすればよいか」という難しい問について若いときから考え，目的意識を持って，メタ認知を効かせて生活する習慣をつけてほしいと思う。

自己紹介

　記憶や注意を中心に人間の認知について研究したいテーマは山ほどある。その中で，本章で述べたように，筆者が現在取り組んでいる研究の一つが，「人の認知能力が生涯にわたってどのように変化してくのか，このような変化をどのように認識しているのか，実際の変化と認識にはどのような関係があるのか」である。これまでに，高齢者と若者を比較する形で，なぜ・どのように高齢者の記憶力が衰えるのか，記憶力は訓練すればある程度良くなっていくのかについて実験を行ってきた。その際気になったのは，実験後のインタビューで高齢者の中に記憶成績が良かったにもかかわらず「できなかった」とおっしゃる方が何名かおられたことだ。謙遜でおっしゃっているのか，あるいは，本当にそのように感じていらっしゃるのか。自身の認知パフォーマンスの評価は何を基準にしているのか，どの程度正確なのか，自己評価は年齢，教育，気分，性格，やる気などとどの程度関係があるのか。他者に対する認知パフォーマンスの評価と自身の評価とはどのような関係があるのか。評価は年齢によって変化するのか。認知能力の自己評価は文化によって違いがあるのか。次々に疑問が生まれてきた。私がメタ認知について研究をしようと思った直接のきっかけはこのような実体験からである。「瓢箪から駒」のように，思いがけないきっかけで新たな研究が進むことは実はよくある。実験や調査で参加者に直接お会いし，お話しできることは予想以上の情報やヒントを得られることがあり，これが人と関わる心理学の大きな魅力の一つだと思う。開拓の余地が沢山あるメタ認知や高齢者を含めた生涯発達の研究に，一人でも多くの人が関心を持って飛び込んで来られることを期待したい。

●**参考文献・引用文献**●●●

Bandura, A. (1995). *Self-efficacy in changing societies*. New York: Cambridge University Press.（本明 寛・野口京子（監訳）(1997). 激動社会の中の自己効力 金子書房）

Dunlosky, J. & Metcalfe, J. (2009). *Metacognition*. Sage Publications.（湯川良三・金城 光・清水寛之（訳）(2010). メタ認知—基礎と応用 北大路書房）

Flavell, J. (1981). Cognitive monitoring. In W. P. Dickson (Ed.), *Children's oral communication skills* (pp.35-60). New York: Academic Press.

Floyd, M. & Scogin, F. (1997). Effects of memory training on the subjective memory functioning and mental health of older adults: A meta-analysis. *Psychology and Aging*, 12, 150-161.

権藤恭之（編）(2008). 高齢者心理学 朝倉心理学講座15 朝倉書店

岩原昭彦・八田武志・伊藤恵美・永原直子・八田武俊・八田純子・浜島信之（2008). 中高年者の自己効力感が高次脳機能の維持に及ぼす影響 人間環境学研究, 6, 65-74.

金城 光（2012). ソース・モニタリングの発達的変化 日本発達心理学会（編） 発達の基盤—身体，認知，情動 新曜社

金城光・井出訓・石原治（2013). 日本版成人メタ記憶尺度（日本版MIA）の構造と短縮版の開発 認知心理学研究, 11, 31-41.

Kinjo, H. & Shimizu, H. (2014). How Japanese adults perceive memory change with age : Middle-aged adults with memory performance as high as young adults evaluate their memory abilities as low as older adults. *The Journal of Aging and Human Development*, 78, 67-84.

三宮真知子（2008). メタ認知—学習力を支える高次認知機能 北大路書房

Schaie, K. W., Willis, S. L., & Caskie, G. I. L. (2004). The Seattle Longitudinal Study: Relationship between personality and cognition. *Aging, Neuropsychology, and Cognition*, 11, 304-324.

清水寛之（2009). メタ記憶—記憶のモニタリングとコントロール— 北大路書房

Q7 子ども時代の思い出は、どこまで正確なのですか？

　多少変容している可能性が高く，必ずしも正確とはいえません。子どもの方が，年月が経っていない分，幼少期のことを思い出しやすいということは確かにありますが，想起される思い出の数は，経過時間（経験時から想起時までの時間）に応じて，単純に減っていくわけではありません。しかし，内容の正確さについては，経過時間による影響を受けやすいのが事実です。時が経過するにつれ変容しやすく，正確ではなくなっていきます。なぜ，時が経過すると変容しやすいのでしょうか。

　主な原因として，後から見聞きした情報の影響と，自ら繰り返し語ることによる影響が挙げられます。後から見聞きする情報には，写真やビデオのように，経験時の正しい情報が含まれるものもあります。それらを後から見聞きすることで，正確さの度合が増すことはあります。また，完全に忘れ去られることはあっても，中核となるような情報，例えば，サプライズでプレゼントをもらったという話が旅行に行ったというような全く異なる話に，大きく変容することはそう多くはありません。しかし，写真やビデオに記録されているが自分は経験していないこと（例えば，家族と馬が一緒に写った写真があるが，自分ではなく一緒にいた兄だけが乗馬したこと）を自分の経験として想起したり，類似する経験の記憶や写真，ビデオから得た情報が混在するようになることはめずらしくありません。特に幼少期の経験については，本来自分では覚えていなかったのに，後から見聞きした情報により，あたかも自分が忘れることなく覚えていたかのようにその後の記憶に残すこともあります（上原, 2009）。人は，繰り返し語ることで記憶を再構成し，自分にとって分かりやすく，筋の通った都合の良い内容に変えていくことが，古くからよく知られています。

1. 基礎固め

(1) 自伝的記憶とは

いつ，どこで，だれが何をした，といった日々の出来事に関する記憶をエピソード記憶というが，そのうち，後々まで想起されやすい，思い出に相当するような記憶のことを，自伝的記憶という。特定の時間と場所で生じた出来事のみならず，少し長い期間にわたって経験してきた内容が含まれることも多いため（幼少期に近くの川でよく魚つりをしていた等），「過去の自分自身に関する事柄についての記憶」（佐藤，2008）といった方がより適切かもしれない。子ども時代の思い出は，まさに自伝的記憶である。学校でテストされるような事実や知識の記憶（意味記憶），運動や技術の習得といった身体で覚えるような記憶（手続き記憶）とは区別され，自己が最も反映されやすい記憶といわれている。エピソード的な記憶は一部の動物も有しているとの報告もあるが，自伝的記憶を形成し，それをふり返ったり，他者と語りあうというのは，人間のみである。そういう意味で，自伝的記憶は，最も人間らしい記憶といってよいだろう。

(2) 発達と思い出される量

私たちが遡って思い出せる一番古い自伝的記憶の年齢は，小学生の方が若干低い傾向にあるものの，その差は小さく，小学生から高齢者まで，ほぼ3,4歳頃である。このように生後数年のことを自覚的には思い出せないことを，幼児期健忘という。なぜ3,4歳頃までの幼少期の経験をほとんど思い出せないのか。詳しいことは解明されていないが，この3,4歳の時期というのはちょうど，しばしば大人の助けを得ながらにはなるものの，自ら過去の経験をふり返って語ろうとし始める時期であり，自伝的記憶，いわゆる思い出は3,4歳頃から形成され始めるといってよい。

最近の経験は思い出されやすいという傾向（新近性効果）はあるものの，経験時点から一定の時間を経ると，思い出される量は，経験時からの経過時間に応じて単純に変わるわけではない。興味深いことに，高齢になるにつれ顕著に

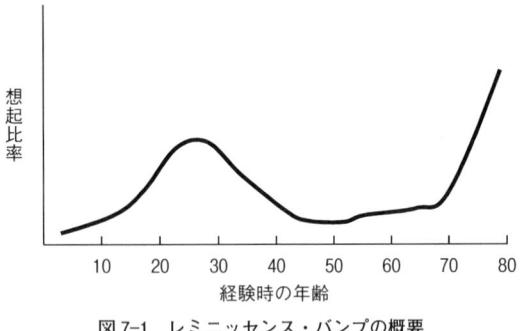

図7-1 レミニッセンス・バンプの概要
(Rubin et al., 1986 他を参考に作成)

なる現象として、レミニッセンス・バンプがある。自由に、過去の経験を思い出して語ってもらうと、10代終わりから30代の出来事を最も多く思い出すという現象である（Rubin et al., 1986 他）。横軸に経験時の年齢を、縦軸に思い出される出来事量を取ってグラフ化すると、10代終わりから30代の時期に大きな山（バンプ）が見られる（図7-1参照）。このレミニッセンス・バンプは、不快感情を伴うネガティブな内容の出来事に限定して想起させた場合には見られず、快感情を伴うポジティブな内容の出来事に限定して想起させた場合に顕著に見られるという（Berntsen & Rubin, 2002）。伴う感情によるバンプの現れ方の違いについては、多くの人の間で経験されるような、人生において重要かつポジティブな出来事（就職、結婚、出産など）が、10代終わりから30代の時期に生じやすいことが関連しているのではないかとの説はあるが（Berntsen & Rubin, 2004）、レミニッセンス・バンプが生じるメカニズムの詳細に関しては不明であり、現在も研究がすすめられている。

(3) 感情との関係

自伝的記憶はそれなりの思いや感情が伴っているからこそ、後々まで想起されやすいと考えられる。事実、想起される記憶を調べると、感情を伴っている記憶の方が、伴わない記憶よりも多いことが知られている。自伝的記憶の感情との関係に関しては、快感情を伴うポジティブな出来事の記憶、不快感情を伴うネガティブな出来事の記憶、感情を伴わない記憶に主に大別されて、これま

で追究されてきた。想起されるポジティブ，ネガティブな記憶の比率については，想起時の状況や想起のさせ方により多少異なるものの，ポジティブな記憶の想起比率の方が高く（Walker et al., 2003），ポジティブな出来事の方が，ネガティブな出来事よりも，詳細を想起しやすいといわれている（D'Argembeau et al., 2003）。また，ネガティブな出来事は，実際に生じた時点よりも遠い過去のこととして，一方，ポジティブな出来事は，実際よりも最近のこととして想起されやすいといわれる（Ross & Wilson, 2002）。このような傾向があるのは，精神的健康や幸福感を保つためだと考えられている。

(4) 正 確 性

最初に述べた通り，経験時から時間が経過しているほど，その出来事に関して見聞きする情報や自ら語る機会が増えるため，その記憶内容は変容しやすい。自分が経験した出来事を後にどれくらい正しく想起できるのか，あるいは，その記憶内容はどれくらい変容するのかに関しては，従来から実験的な研究により検証されてきた。目撃者の証言の信頼性への関心の高さもあり，出来事を見聞きした後に事後情報を提示した場合（例えば，実際に見た出来事内では停止標識があったが，事後情報として徐行標識への言及を含めた場合：Loftus et al., 1978），その出来事に関する記憶内容が，どれくらい事後情報の影響を受けるのかがよく検討されてきた（図 7-2 参照）。出来事や事後情報の内容，提示のされ方にもよるが，成人であっても事後情報の影響を受けて記憶が変容することは決してめずらしいことではないことが示されてきた。特に幼児は事後情報の影響を受けやすいとの知見がある（Uehara, 2000 他）。これら

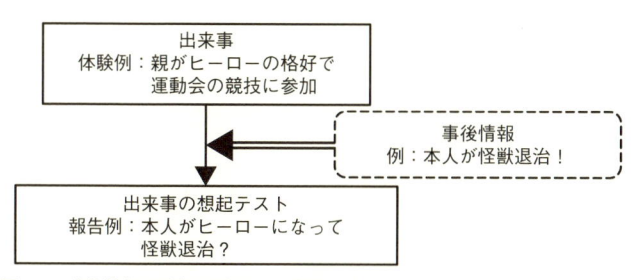

図 7-2 **事後情報の影響を検証する実験の流れ**（Uehara, 2000 の調査を例として）

の実験的研究で検討されている出来事は体験エピソードではあるが，必ずしも後々まで思い出として残っていくような，本人にとって思い入れのある出来事ではない。日常的な出来事で，自己の関与の度合いが高ければ高いほど，自分の信念や思いにあうように，また，自分にとって都合の良いように変容していくし，出来事が自分にとって意味することの解釈が変わることでその記憶内容も変容しうることは，今ではよく知られるようになった。

2. Q&A

❶ 人は，なぜ思い出をふり返ってなつかしんだり，他の人に話したがるのか？　自伝的記憶は私たちにとってどんな意味があるのか？

自伝的記憶は様々な機能を有していることが知られている。第一に，自己が深く関わる記憶であるため，個々の事柄を思い出すことで，自己をふり返り，自分が何者であるかを確認し，自己のアイデンティティの確立や維持に役立っている。これが，まさに思い出をふり返ってなつかしむ理由の一つと言えるだろう。第二に，自己の経験を他者に語ることは自己開示であり，互いに語りあうことで，コミュニケーションを活性化させるのみならず，お互いのことを深く知ることにつながり，関係性の形成や維持に役立っている。これが，他の人に話したがる理由である。これら以外では，過去の経験が後の問題解決に役立つこと，繰り返し語ることが癒しになること，また，過去の思い出の積み重ねが，進路や職業の選択に関係する可能性が指摘されている。

❷ ポジティブ，ネガティブな出来事の想起と精神的健康が関連する可能性が言及されていたが，精神症状と自伝的記憶との間に関連は見られるのか？

抑うつ症状やPTSDを示す方の自伝的記憶の特徴として，概括化（いつ，どこで，何をしたか等，出来事を特定化するような詳細な情報が想起されにくく，繰り返された出来事や長期間続いた事柄といった，より一般化された情報が想起されやすいこと）が指摘されている（Williams et al., 2007）。近年，統合失調症でも自伝的記憶の概括化が見られるとの報告もある（Neumann et al., 2007）。また，うつ症状が重い場合にネガティブな情報をより想起しやすいと

の報告もある（Claúdio et al., 2012）。自伝的記憶の概括化については，（多くの場合，ポジティブな自伝的記憶を）詳細に想起できるように訓練することで，その後の自伝的記憶の概括化を抑えることができるといわれ，それに伴ってうつ症状も軽減したとの報告も一部である（Raes et al., 2009）。

❸ 高齢になると顕著になる現象としてレミニッセンス・バンプが紹介されているが，自伝的記憶の想起に高齢者ならではの特徴は他にあるか？——
　高齢になるほど，ポジティブな出来事の想起比率が増える一方，ネガティブな出来事の想起比率は減り，しかも，想起された，本来ネガティブな出来事をよりポジティブに捉える傾向があるといわれている（Schlagman et al., 2006）。高齢者における自伝的記憶の概括化について，認知機能（Phillips & Williams, 1997）やワーキングメモリの実行機能（Ros et al., 2010）の低下との関連を示す知見もあるが，健全な高齢者における概括化の有無や程度については，一貫した結果が示されているわけではない。
　高齢期の発達課題とされる統合を達成するのに，自伝的記憶からなるライフストーリーの回想が有用な方法と考えられている。ライフストーリーや自分自身のこと，また，自分の病気に関わる個人的事柄を中心に，高齢者に回想させ語らせること自体が及ぼす心理的効果への関心は高く，その視点からの臨床的研究や実践的な取り組みが行われている（野村，2008）。

❹ 後から全く思い出せない幼少期の経験はどんな意味を持つのか？——
　3, 4歳頃までの幼少期の経験を自覚的にほとんど思い出せないからといって，3, 4歳頃までの経験は無駄かというとそうではない。人は，3, 4歳までの時期に，多くの言葉を覚え，様々な経験を通して，日常の知識や運動技術を獲得しており，この時期の経験は，体験エピソードとして後にふり返って思い出せないだけのことであり，確実に，知識や技術として後々まで残っていく。むしろ，3, 4歳頃までの時期は，大人以上に多くのことを学んでいる大事な時期ともいえ，良い経験をした方がいいだろう。ただし，ここで気をつけなければならないのは，乳幼児の記憶や学習の仕方は児童や成人のそれとは異なっているため，乳幼児にとって良い経験とは，児童や成人にとっての良い経験とは必

ずしも一致しないという点である。しかも，この時期の経験は，乳幼児本人は自分の意思で選べず，かつ，本人が後にふり返っても思い出せないことから，養育・教育や環境が持つ責任や意味は大きいと考えられる（上原, 2006, 2012）。

❺ 変容した思い出を持ち続けることはよくないことなのか？

記憶内容の正確性が求められるような状況でなければ，厳密に正確である必要はないと思われる。自伝的記憶の語りあいが，日常会話のかなりの割合を占めており，ふり返って思い出す，他者に語ること自体に大きな意味を持つ記憶だからである。自分自身に関する事柄，出来事の記憶は，本人にとってあまり重要でなければ忘れ去られ，繰り返し想起される場合は，本人にとって何らかの意味を持つ可能性が高い。想起し語られるたびに，本人にとって都合の良い形に変容するかもしれないが，精神的な健康や自信，進路決定，癒し，さらには，本来ネガティブであった経験のポジティブな捉え直しにつながる機能を有している。どんな思い出も，実際の経験内容からは多少ずれていく可能性はあるが，そこには，語られる時点のその人自身（その人の解釈や願望等）や，その人なりの真実が反映されていると考えられる。

3. 将来に向けて

人が生きていく上で主要な役割を果たす記憶として，自伝的記憶は注目されるようになった。そのため，成人を対象とする研究や，高齢者を対象とする回想法の実践は増えつつある。しかし，自伝的記憶の発達過程は明らかではない。特に子どもの自伝的記憶についての知見はまだ少ない。近年，幼児の自伝的記憶の語りが，周囲の大人の語りの影響を受けながら発達することは示されつつあるが，語る内容や保持期間，機能の発達的変化については，まだあまり追究されていない。しかも，児童期の知見はほぼ見当たらず，思春期の知見も僅少である。幼少期，思春期，成人期，高齢期の自伝的記憶は，中心となる課題やテーマが異なるためか，ほぼ個別に追究されており，生涯発達という視点が欠けている。生涯を通じてどのように自伝的記憶は発達していくのか，また，各年代でどのような語りの特徴があるのか，各年代で経験した出来事はど

れくらい後まで想起され，どのように再構成され変容し語られていくのかといった点はほとんど分かっていない。この状況に対し，筆者は，自伝的記憶の縦断的な事例調査を実施している。日常的な出来事の記憶の変遷過程を，数人の協力者を対象に幼少期から成人期まで追跡し続け，ようやく，幼少期の自伝的記憶の発達とメカニズムに関する示唆を得つつある。少数のデータではあるが，今後は児童期以降における，各時期での自伝的記憶の特徴や機能，自己確立や精神的健康などとどう関わっているのかについて分析をすすめていけたらと考える。縦断的な事例研究を補うべく，幼児期，児童・思春期，成人・高齢期の横断的な調査も併せて本研究室で実施していくことで，将来的に，自伝的記憶の生涯発達に関する新たな知見を提供できれば幸いである。

自己紹介

学部生の頃から，人の記憶に対して高い関心を持っていた。卒論時の最初の調査で，小学生，大学生，高齢者を対象に，遡って思い出せる一番古い記憶を調査した結果，共通して3,4歳の頃の記憶が一番古く，それ以前がほとんど想起できないこと（幼児期健忘の存在）が分かった。それをきっかけに，3,4歳の子どもではどうなのだろうと思い，3,4歳を中心とする幼児期の記憶を調べるようになった（上原，2012）。その後，幼児期の記憶に加え，他の認知能力の発達に関して，子どもを対象とした研究を展開していったが，一方で，幼児期以降の自伝的記憶の変遷過程への関心も高かったため，併行して，縦断的な事例研究を行ってきた。自伝的記憶の縦断的研究を始めたのは，想起時の年齢を問わず共通して見られる幼児期健忘という現象から人の基本的な記憶メカニズムの存在を仮定できたものの，3,4歳以前の記憶はいつから想起できなくなるのか，それぞれの年代の記憶は後にどのように想起されるのか，またそれを想起時にどう捉えるかは年代によって異なるのかといった点が明らかになっておらず，卒論の最初の調査時からこれらの点を検討できればと思っていたからである。一部の協力者には20年以上にわたってご協力いただいている。この場を借りて心よりお礼申し上げたい。少数の事例データではあるが，国内外でこのような長期にわたるインタビュー研究はほぼ見られない。自伝的記憶の生涯発達研究に少しでも貢献できるよう成果をまとめられたらと思う。

●引用文献●●●

Berntsen, D. & Rubin, D. C. (2002). Emotionally charged autobiographical memories

across the life span : The recall of happy, sad, traumatic, and involuntary memories. *Psychology & Aging*, 17, 636-652.
Berntsen, D. & Rubin, D. C. (2004). Cultural life scripts structure recall from autobiographical memory. *Memory & Cognition*, 32, 427-442.
Claúdio, V., Aurélio, J. G., & Machado, P. P. P. (2012). Autobiographical memories in major depressive disorder. *Clinical Psychology and Psychotherapy*, 19, 375-389.
D'Argembeau, A., Comblain, C., & Van der Linden, M. (2003). Phenomenal characteristics of autobiographical memories for positive, negative, and neutral events. *Applied Cognitive Psychology*, 17, 281-294.
Loftus, E. F., Miller, D. G., & Burns, H. J. (1978). Semantic integration of verbal information into a visual memory. *Journal of Experimental Psychology: Human Learning and Memory*, 4, 19-31.
Neumann, A., Blairy, S., Lecompte, D., & Philippot, P. (2007). Specificity deficit in the recollection of emotional memories in schizophrenia. *Consciousness and Cognition*, 16, 469-484.
野村信威 (2008). 高齢者における回想と自伝的記憶　佐藤浩一・越智啓太・下島裕美 (編著)　自伝的記憶の心理学 (pp.163-174) 北大路書房
Phillips, S. & Williams, J. M. G. (1997). Cognitive impairment, depression and the specificity of autobiographical memory in the elderly. *British Journal of Clinical Psychology*, 36, 341-347.
Raes, F., Williams, J. M. G., & Hermans, D. (2009). Reducing cognitive vulnerability to depression: A preliminary investigation of MEmory Specificity Training (MEST) in inpatients with depressive symptomatology. *Journal of Behavior Therapy and Experimental Psychiatry*, 40, 24-38.
Ros, L., Latorre, J. M., & Serrano, J. P. (2010). Working memory capacity and overgeneral autobiographical memory in young and older adults. *Aging, Neuropsychology and Cognition*, 17, 89-107.
Ross, M. & Wilson, A. E. (2002). It feels like yesterday: Self-esteem, valence of personal past experiences, and judgments of subjective distance. *Journal of Personality & Social Psychology*, 82, 792-803.
Rubin, D. C., Wetzler, S. E., & Nebes, R. D. (1986). Autobiographical memories across the lifespan. In D. C. Rubin (Ed.), *Autobiographical memory* (pp.202-221). New York: Cambridge University Press.
佐藤浩一 (2008). 自伝的記憶研究の方法と収束的妥当性　佐藤浩一・越智啓太・下島裕美 (編著)　自伝的記憶の心理学 (pp.2-18)　北大路書房
Schlagman, S., Schulz, J., & Kvavilashvili, L. (2006). A content analysis of involuntary autobiographical memories: Examining the positivity effect in old age. *Memory*, 14,

161-175.
Uehara, I. (2000). Differences in episodic memory between four- and five-year-olds: False information versus real experiences. *Psychological Reports*, 86, 745-755.
上原　泉　(2006).　赤ちゃんのときのことを覚えていますか？―乳幼児期の記憶―　太田信夫（編）　記憶の心理学と現代社会（pp.253-262）　有斐閣
上原　泉　(2009).　幼少期の出来事に関する語りはどう変化するか―事例研究の中間報告―　日本心理学会第73回大会発表論文集, 884.
上原　泉　(2012).　子どもにとっての幼少期の思い出　清水由紀・林　創（編著）　他者とかかわる心の発達心理学（pp.183-196）　金子書房
Walker, W. R., Skowronski, J. J., & Thompson, C. P. (2003). Life is pleasant—and memory helps to keep it that way! *Review of General Psychology*, 7, 203-210.
Williams, J. M. G., Barnhofer, T., Crane, C., Hermans, D., Raes, F., Watkins, E., & Dalgleish, T. (2007). Autobiographical memory specificity and emotional disorder. *Psychological Bulletin*, 133, 122-148.

Q8 性格によって社会生活は変わりますか？

　性格とは，自分を含めた個人がどのようにしてその人らしいのか，そしてどのようにその人は別の人とは異なっているのかといったような点について考えながら，その人の持つ個性や特徴を描き出すものです。世の中にはさまざまな人がいます。自分と似たような傾向を示す人もいれば，全く異なる特徴を示す人もいます。いろいろな人がいるということは個人差があるということです。この個人差は人間が社会的な生活を営んでいく上でいくつかの重要な結果に対して影響を及ぼすことが明らかになってきました（Moffitt et al., 2011; Roberts et al., 2007; 高橋ら, 2011）。つまり，ある人はあることにはうまくいきやすい傾向にあって，そうではないある人は残念ながらうまくいきにくい傾向を示すこともあるということです。

　本章では，まず性格（本章では「パーソナリティ特性」と呼ぶことにします）とは何か，そしてそれはどういった構造になっているのか，このパーソナリティ特性は人間の社会生活に影響を及ぼすほどのインパクトを持っているのか，もしそうなのだとしたらパーソナリティ特性は変わるものなのかそれともほとんど変わらないものなのか，変わるのだとしたら何がどのように影響して変わるのかといった点について，順にパーソナリティ心理学とその近接分野の最近の知見を紐解きながら考えていくことにします。

　　　　＊　　　＊　　　＊

1. 基礎固め

(1) パーソナリティ特性

　人間はさまざまな状況下でさまざまな行動を取るように見えるが，個人内ではある程度一貫した傾向がある。パーソナリティ特性とは，通状況的に一貫して，すなわち時間・場所・状況が変わっても比較的一貫して，その個人に表出するパターンを生み出すこころの仕組みのことである。オルポート（Allport, 1937 詫摩ら訳 1982）は，パーソナリティ特性を「個人の内部で，環境への彼特有な適応を決定するような，精神物理学的体系の力動的機構」と定義した。もう少し平たく言うと，パーソナリティ特性とは，その人個人の内部にあって，環境に対してその人に独自の適応のしかたを決定する，ダイナミックなこころの仕組みのことである。そして実は，オルポートは先の著書に示した定義と同じ頁において「パーソナリティとは何かであり，何かをするものである（Personality *is* something, and *does* something）」とも述べている。この漫然とした一文はパーソナリティ特性研究のこれまでの研究の主要な2つの関心について述べたものと解釈できる非常に示唆に富む一文である。すなわち，「何かである (is)」というのは，行動の一貫性を生じさせる特性の記述・分類とその構造の把握に関する研究関心，そして「何かをする (does)」というのは，それらの特性がいかに個人の環境への適応と結びついているかという研究関心と読み換えることができる。もう少し具体的に言うと，前者は，基本的なパーソナリティ特性とはどのようなものか，それらは何次元の構造を有するのか，その生物学的基礎は何かといったような問題，そして後者は，パーソナリティは精神病理や適応に関する変数とどのように関連するのかといったような問題であり，これまでの数多くのパーソナリティ特性研究がこれら2つの諸問題について取り扱ってきた。

(2) ビッグ・ファイブ

　人間のパーソナリティ特性はいくつの次元で説明され，全体としてどのような構造をしているのかという問題について，パーソナリティ特性研究はこれま

でいくつもの答えを与えてきたが，現時点においてコンセンサスを得ている答えはビッグ・ファイブである。パーソナリティ特性の5因子モデル，通称ビッグ・ファイブは，性格記述語の因子分析的研究をもとにマックレーとコスタ (McCrae & Costa, 1987) にほぼ完成を見た。パーソナリティ特性として，神経症傾向 (Neuroticism)，外向性 (Extraversion)，経験への開放性 (Openness to Experiences)，調和性（協調性：Agreeableness），勤勉性（誠実性：Conscientiousness）という5つの次元が仮定され，因子構造の妥当性が世界的に確認されており，日本もその例外ではない。

(3) 予測的妥当性

しかし，我々人間の持つパーソナリティ特性の構造が明らかとなり，何次元のパーソナリティ特性を持っているのかという問いに対する答えが仮に一意に定まったとしても，パーソナリティ特性は，あくまでも主に質問紙で測定される心理学的構成概念に過ぎないということを忘れてはならない。パーソナリティ特性がパーソナリティ特性としての価値を有するためには，少なくとも，パーソナリティ特性が何らかの結果変数や外的基準を適切に予測する必要性がある。すなわち，パーソナリティ特性研究の存在意義はパーソナリティ特性は何を予測するのかという予測的妥当性にこそ見出されると言っても過言ではない。実際にパーソナリティ特性は何を予測できるのかは次節のQ2で後述する。

(4) 縦断研究

縦断研究とは，同一個人に対して繰り返し調査を行うタイプの研究である。すべての測定時点で共通して同じ調査内容になっている場合のみ，すなわち同じ変数を同一個人に対して繰り返し調査する場合のみを縦断研究と呼ぶ場合もあるが，予測的妥当性を検証する際には，先行する時点でパーソナリティ特性を測定し，後の時点では結果変数のみが測定され，パーソナリティ特性は測定されないこともある。また，第1時点目に変数X，第2点目に変数Y，第3時点目に再び変数X，第4時点目に再び変数Yといった具合にジグザグに調査項目を並べて因果の方向性について検討を行う縦断調査デザインも考えられる。パーソナリティ特性から何らかの結果変数を予測することを目標とする場

合，縦断研究もしくは発達的な視座はもはや必須と言える。この縦断研究を行う際に留意すべき点は標本の脱落や損耗である。回答者が第2時点目以降で回答を止めてしまったり転居などが理由で調査票が不達になったりすることが原因で，データが縦断的ではなくなってしまうという調査デザインの根幹に関わる大問題である。

2. Q & A

❶ パーソナリティ特性の構造はどのようになっているのか？

　人間のパーソナリティ特性はいくつの次元で説明され，全体としてどのような構造をしているのかという問題について，パーソナリティ特性研究はこれまでにいくつかの答えを与えてきた。先述の通り，おおまかにコンセンサスの得られている結論はビッグ・ファイブであるが，人間の短期記憶容量の研究よろしくマジカル・ナンバーに準えるならば，人間のパーソナリティ特性の次元数は5±2であると考えておくとより多くの理論やモデルを包含することができる。

　パーソナリティ特性次元の数に関する研究としては，次元の数の少ないものから順に，1次元つまり知能と同じような一般因子（General Factor of Personality; GFP）によって説明されるとする研究から，2次元，3次元，そして5次元（ビッグ・ファイブ），7次元，そしてそれ以上の数までさまざまある。そして，パーソナリティ特性の構造に関する研究としては，マーコンら（Markon et al., 2005）は，高次因子分析を行って，パーソナリティ特性は切り口次第で2次元（Digman, 1997のαとβ）からビッグ・ファイブまで統一的に表現することのできることを示している（図8-1）。人間を立方体，それぞれの理論を断面の切り口と考えてみていただきたい。ある切り口で切った立方体の断面図を見てみると，図8-2にいくつか例を示した通り，三角形に見えたり四角形に見えたりはたまた五角形・六角形に見えたりもする。人間のパーソナリティ特性も同じことで，ある理論から見た場合には5次元が妥当であるが別のある理論に基づいて考えてみると3次元が妥当であったり分かりやすかったりもする。

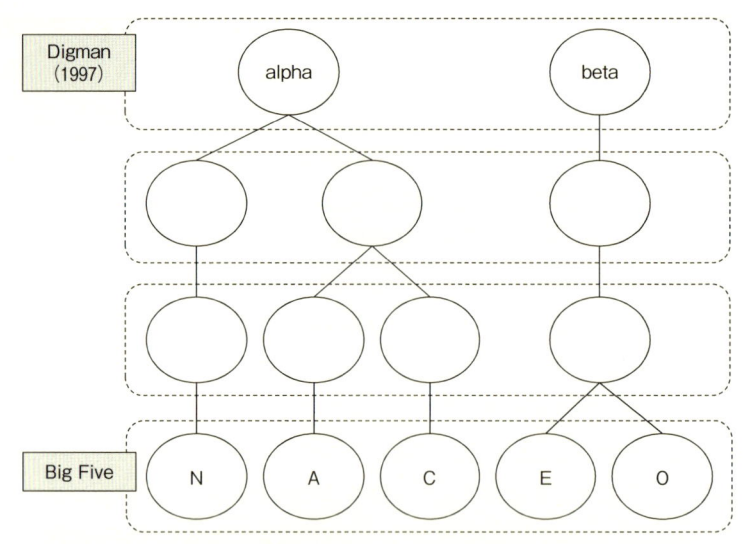

図 8-1　パーソナリティ特性は切り口によって 5 次元から 2 次元へとまとまる
（Markon et al., 2005, Figure 1 の高次因子分析の結果を簡略化して図示）

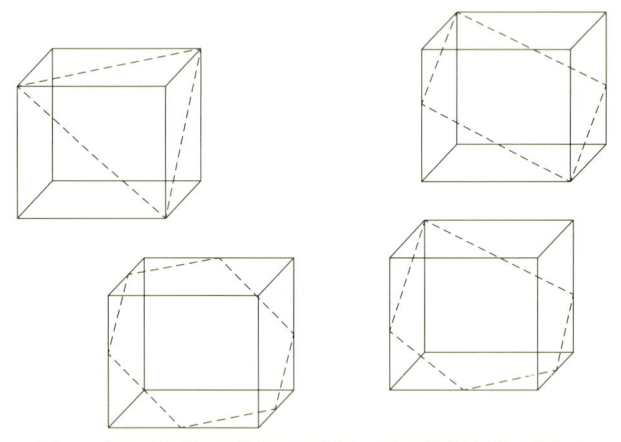

図 8-2　同じ立方体でも切り口が異なればその断面の形状も異なる

❷ パーソナリティ特性は何を予測・説明できるのか？

　オゼールとベネ - マルチネス（Ozer & Benet-Martínez, 2006）は，パーソナリティ特性の持つ予測的妥当性に関して体系的に総説を行った。彼らは，

パーソナリティ特性が予測する結果変数を，①個人的な変数（主観的幸福感，身体的健康，精神病理的な症状，アイデンティティなど），②対人的な変数（友人関係，家族関係，恋愛関係など），③社会的な変数（職業選択，職業達成，政治的態度，価値観，地域との関わり，犯罪など）という3つに大別したうえで，基本的には縦断研究の結果にそって，近年の研究結果についてそれぞれまとめ，パーソナリティ特性が実に多様な結果変数に対して予測的であることを述べている。

また，オゼールとベネ-マルチネス（Ozer & Benet-Martínez, 2006）では総説の対象とはなっていないが，パーソナリティ特性から予測されるその他の重要な構成概念として，学力と養育態度が挙げられる。学力に関しては，ポロパット（Poropat, 2009）がメタ分析を行い，ビッグ・ファイブのうちの勤勉性の高さが認知能力と同程度に学力を予測することを示し，調和性と経験への開放性の高さも有意な効果量を持つことを報告している。養育態度に関しては，プリンジーら（Prinzie et al., 2009）がメタ分析の結果を報告しており，あたたかさ・行動の統制・自主性のサポートの3次元の養育態度について，ビッグ・ファイブの各次元は |.10|―|.15| 程度の相関を持つことを示している。

本節では，パーソナリティ特性は何を予測・説明できるのかという点について最近の総説論文を中心に概観してきたが，パーソナリティ特性は実に様々な心理的な変数を予測・説明することが可能であり，その効果は，(a) 10年もしくは20年後の結果変数であっても，(b) 認知能力（IQ）を統制してもなお，(c) |.10| ― |.40| 程度の相関を有する，とまとめることができる。

しかしまた一方で，パーソナリティ特性という心理的な変数から，精神病理的な症状や問題行動などの心理的な変数がある程度予測・説明できたとしても，これらは無論非常に重要な研究ではあるが，ある意味当然の結果であり，もしかするともはや大きな驚きを以てしては受け入れられないかもしれない。近年，心理学以外の諸分野とりわけ経済学や疫学において，パーソナリティ特性の持つ予測力に非常な注目が集まっている（Heckman, 2007; Moffitt et al., 2011; Roberts et al., 2007）。先にパーソナリティ特性研究の存在意義は予測的妥当性にあるという見解を述べたが，パーソナリティ特性は結局のところ心理的な変数しか予測できないのか，それとも心理的な変数以外に対する予測力も

持ちうるのかという点について，最近の研究を概観しながら検証したい。数行前で引用したジェームズ・ヘックマン（Heckman, J.）は2000年のノーベル経済学賞受賞者である。ノーベル賞の研究者がパーソナリティ特性の予測的妥当性に着目をしているのである。

ロバーツら（Roberts et al., 2007）は，その人の人生に重要な影響を与えるであろう3つの重大な結果変数として，死亡率・離婚・職業達成（もしくは学業達成）を選択し，パーソナリティ特性・社会経済的地位（socioeconomic status；以下SESとする）・認知能力（IQ）の三者のうち，どれがそれらの3種類の結果変数に対してもっとも強い予測力を示すかメタ分析を行い，高い予測的妥当性を示したのはいずれの場合もパーソナリティ特性であることを示している。SESにしても認知能力にしても，これらの変数は間違いなく，何らかの結果変数を強く予測し得る特性であると考えられるが，ロバーツら（Roberts et al., 2007）は，それらよりもパーソナリティ特性のほうが私たちの人生における重要な結果変数に対して予測的妥当性を持つことを示したことになる。

残念ながら，本邦におけるパーソナリティ特性研究は，労働経済学や社会疫学の研究領域におけるパーソナリティ特性への関心を見過ごしてしまっているのが現状である。今後は，日本国内の研究においても，予測力のある変数としてのパーソナリティ特性という視座を踏まえた調査は当然必要になると考えられるが，心理学以外の他分野におけるパーソナリティ特性の持つ予測的妥当性への注目度のここまでの高まりはなぜなのか。それは，介入の可能性の高さにある。実際，ボルハンスら（Borghans et al., 2008）は，パーソナリティ特性は可塑的で変容可能性が十分にあることについてまとめ，教育などによる予防的介入の可能性について示唆している。SESや認知能力も無論当該の変数と関連性がないわけではない。しかし，SESもしくは認知能力を実際に変える（高めたり上げたりする）という介入は考え得る方略だろうか。SESに関しては現実的とは言い難いし，認知能力に関しても比較的容易に変化をもたらすことができるとは考えにくい。

❸ パーソナリティ特性は変わるのか変わらないのか？

前節の最後で，パーソナリティ特性の可塑性・変容可能性について言及し

た。皆さんはパーソナリティ特性が変わるとお考えだろうか。自分はおそらく10年経ってもそこまで変わっていないだろうとは思わないだろうか。

いまの自分のパーソナリティ特性を評価し，10年後の自分がどのような自分になっているかも同時に評価し，さらに本当に10年後に縦断的に調査して再度自らのパーソナリティ特性について評価してもらったという貴重なデータを用いた研究がある（Quoidbach et al., 2013）。その結果は非常に興味深いもので，18歳から58歳までのすべての年齢の人々において，「10年後の自分は自分が思っていた以上に変わっていた」のである（図8-3）。ただし，ここで言うところの「変わった」というのは個人内の変化のことで，すなわち現在と10年後の値は平均値では変わっているということである（これをmean-level changeと言う；Roberts et al., 2006, 図8-4）。逆に，AさんはBさんよりも外向的だという順序関係はあまり変わらない，すなわち現在と10年後の相関係数を計算してみると比較的高い値が求まるだろう（これをrank-order stabilityと言う，Roberts & DelVecchio, 2000, 図8-5）。つまり，パーソナリティ特性は，平均値のレベルでは十分に変わりうるが，順序関係まではあまり変わらない。パーソナリティ特性は変わるし変わらないという二面性を有するので，平均値の変化と順序関係の安定性は分けて考える必要がある。

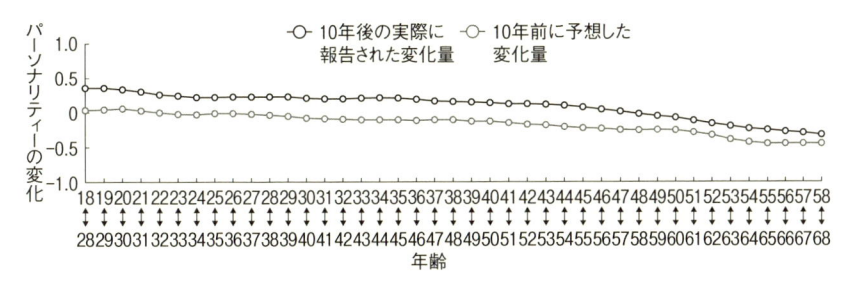

図8-3　10年後の自分は変わっていると思うかどうか（Quoidbach et al., 2013, Fig. 1）
縦軸は変化の量で，横軸は最初の調査時点における年齢と10年後の調査時点における年齢。灰線は10年後を予想した変化量，黒線は10年間の実際の変化量。すべての年齢において実際が予想を上回る。

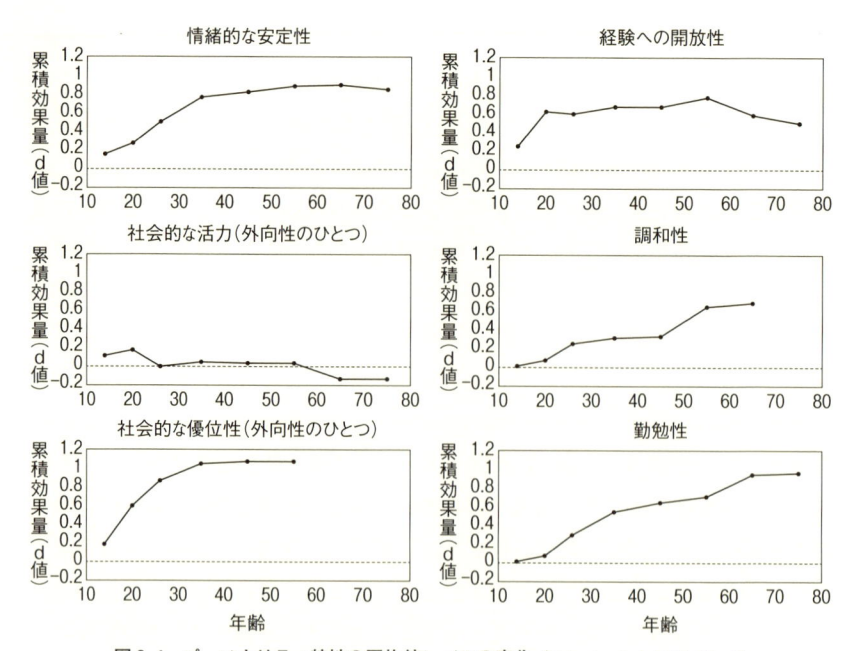

図 8-4 パーソナリティ特性の平均値レベルの変化（Roberts et al., 2006, Fig. 2）

外向性の下位次元によって異なる傾向を示すため，social vitality と social dominance の 2 つに分けて図示されている。

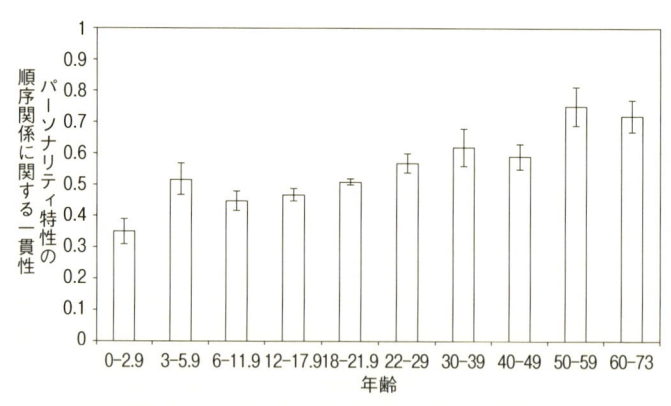

図 8-5 各年齢層におけるパーソナリティ特性の一貫性の平均値と 95%信頼区間（Roberts & DelVecchio, 2000, Fig. 1）

152 の縦断研究 3,217 の再検査信頼性（相関係数）をメタ分析して推定。成人期以降は比較的高い値で推移する傾向にあることが分かる。

❹ パーソナリティ特性は何によって変わるのか？

　パーソナリティ特性は，成人期を通じて，平均値のレベルにおいては，同じような発達のパターンを示すことが知られている。すなわち，人はおおよそ発達につれて，神経症傾向の得点は下がり，調和性と勤勉性の得点は上がる傾向にあり，これを「成熟の原則」と言う。これは先の図8-4からも見て取れる傾向である。

　それでは，パーソナリティ特性は何によって変わるのだろうか。「まるで人が変わったようだ」とか「別人のように成長した」という会話をしたことがない方はいないだろう。そういった明らかに分かる劇的な変化の裏には単発で影響力のありそうなライフイベントが付き物である。例えば，ポジティブな出来事としては結婚・出産・留学・長期間にわたる旅行，ネガティブな出来事としては離婚・死別・大病・大怪我などが考えられる。そして，心理療法や薬物療法を受けた場合でもパーソナリティ特性は変わるという報告がある。大きなライフイベントや医療的な介入によってパーソナリティ特性に変容をきたすことがあるというのは直感的にも理解しやすいだろう。

　もう少し中長期な期間で考えて，人間のパーソナリティ特性は何によって変化するのかという点について考える際に大きく分けて2つの説明が存在する。1つは，「パーソナリティ特性の発達はその大部分は遺伝的な影響を大きく受けているので，環境の影響は小さい」とする5因子理論そのものの考え方である（McCrae & Costa, 2008）。一方，「家族・仕事・地域（宗教やボランティア活動）など人間の発達に応じて社会的に与えられる役割に関与していくことがパーソナリティ発達に重要な影響を与えている」とする考え方があり，これを社会的投資理論（social investment theory; Roberts et al., 2005）と言う。ロディースミスとロバーツ（Lodi-Smith & Roberts, 2008）は，社会的投資理論で想定される4つの領域（家族・仕事・宗教・ボランティア活動）がパーソナリティ発達に与える影響についてメタ分析を行い，そういった社会的投資により多く関与した個人は精神的に安定し協調的で誠実な態度を取る傾向にあることを示した。また，ブライドルンら（Bleidorn et al., 2013）は，パーソナリティ特性の5因子理論が想定する「パーソナリティ特性は生物学的な要因によって多分にコントロールされている」という考え方とロバーツら（Roberts et al., 2005) の社会的投資理論の考え方を初めて直接的に比較検証を行った。彼女らの研究では62ヶ国88万人以上の標本を用いているのだが，もしパーソナリティ発達が生物学的な要因によってその多くの影響を受けているとしたら明確な文化差は出ないはずであるし，一方で社会的投資理論のほうがより適切な説明であるならば，ある年齢においてその文化において特徴的な社会的な役割期待が存在すると考えられるので明確な文化差が見て取れるはずである。結果は後者の考え方を支持するものであった。また，この研究では，仕事と家族に関係する変数について検証を行っていて，相対的に家族よりも仕事のほうがパーソナリティ発達に影響を及ぼしているという点が興味深い。そしてまた再び残念なことに，本邦においてはこの社会的投資理論に基づいてパーソナリティ特性の変容に焦点を当てた研究はほぼ皆無である。今後我々日本人が年齢を重ねるたびごとのパーソナリティ特性の変化がどのような社会的な役割によって影響を受けているのか精緻に検証されていくことを強く期待したい。

3. 将来に向けて

　パーソナリティ特性は我々の社会生活に（大きく！と言いたいところだが）少なからず影響を与えているということをいくつかの研究結果を参照しながら紹介を行ってきた。現在我々のグループでは，パーソナリティ特性と健康の関連に焦点を当てて研究を行っている。勤勉性は身体的な健康と関連性があることが繰り返し示されてきた。勤勉性は，健康に関連する行動，すなわちタバコやアルコールの摂取，健康な食生活，危険な運転や性交渉，日頃の運動量，野菜や果物の摂取量などとも関連性があることも分かってきている。そこで，我々が考えるべきことは「何とかして変われないだろうか？」ということである。勤勉性の変化は，予防的な健康関連行動の（ポジティブな方向への）変化や主観的健康感の変化と関連するだろうか。もしパーソナリティ特性の変化がこれらの健康指標の変化と関連を示すのであれば，パーソナリティ特性を何らかの方法で変容させることは健康の増進につながるという大変興味深い知見になる。高橋ら（Takahashi et al., 2013）は，勤勉性・予防的な健康関連行動・主観的健康感の3つの変数に関する2時点の縦断データを用いてそれらの3つ

の変数の変化どうしの相関関係をまとめ，勤勉性の得点が上がったという「変化」は，その間の主観的な健康感および予防的な健康関連行動が良くなった／改善したという「変化」と関連性があることを確認した。何が勤勉性の得点を上げることにつながるのかという研究も重要である。ヒルら（Hill et al., 2013）は，社会的なサポートと勤勉性のレベルと変化の関係について検討を行い，社会的なサポートをより受けていると感じているほうが勤勉性の得点が上がる傾向にあり，その逆の関係性は見出されないことを明らかにした。勤勉性の変化は高橋ら（Takahashi et al., 2013）が示しているように健康と関連がある。そして，その勤勉性を高めるように変容させるには，社会的なサポートをより受けやすいような環境の整備が必要であることを，この研究は示唆している。

　何か「外的な」要因によって，パーソナリティ特性と健康の間の関連が（もちろん良い方向に）変わることはないだろうか。ロバーツら（Roberts et al., 2009）は配偶者のパーソナリティ特性（とりわけ勤勉性と神経症傾向）に着目し，それらが自分の身体的な健康と正に相関することを示した。これは，健康に悪影響を与えるようなパーソナリティ特性を仮に自分自身が持っていたとしても，配偶者の持つ（健康に悪影響を与えない）パーソナリティ特性によって，自分自身の健康維持につながることを示唆している。ロバーツら（Roberts et al., 2009）は，これを配偶者のパーソナリティ特性による「補償効果」と呼んだ。我々の研究グループでは，この補償効果について日本のデータを用いてより精緻に検討を行っている。ロバーツら（Roberts et al., 2009）は横断データを用いた分析のみで，実際に配偶者のパーソナリティ特性が自分自身の健康を変えたかどうかまでは確認していない。そこで私たちは配偶者のパーソナリティ特性は自分の健康の「変化」を予測できるかどうか縦断データを用いた検討を行っている。また，この補償効果は身体的な健康以外にも精神的な健康や主観的幸福感にも当てはまるだろうか。ロバーツら（Roberts et al., 2009）が補償効果の検討対象としたのは身体的な健康についてのみであったので，我々の研究では社会的な健康感や精神的な健康感にも補完効果があるかどうか検討を行っている。

> **自己紹介**
>
> 　章末で唐突になんだとお思いになるだろうが，教育基本法の第一章第一条をご存じだろうか。そこには教育の目的が述べられているのだが，「教育は，人格の完成を目指し（以下略）」と記されている。なんと教育というのは人格の完成を目指して行われているのである。それでは，離婚の原因の第一位をご存じだろうか。男女ともに第二位以降の原因に大差をつけて「性格の不一致」が離婚の原因の第一位である。教育にも離婚にも，そういった人間くさい私たちの社会生活に，パーソナリティ特性というものが少なからず関係しているようだ。
>
> 　人間の個人差とはいったい何なのか？というただただ大きすぎるような問いに漠然と興味があった。この問いの答えのひとつを心理学的に記述するには，おそらくはこのパーソナリティ特性という得体の知れないものを何とかして捉えてみる必要がある。そもそも存在するのかどうかもよく分からないパーソナリティ特性をどうにかして記述してみるというのは非常に興味深い作業になる。本章で繰り返し述べてきたように，パーソナリティ特性があるということを言いたいのであれば，その構造についての研究を行うのと同時に，パーソナリティ特性が何かを予測することを示す必要がある。2007年，私が大学院生だった時，イリノイ大学のロバーツ教授らのグループが *The power of personality* という大変興味深い論文を発表した。言うまでもなくこれはBack to the Futureの主題歌: *The power of love* から来ているおしゃれなタイトルの付いた論文だが，SESや認知能力と同等以上にパーソナリティ特性が私たちの社会生活の結果に対して影響を与えているという事実は少なくとも私には衝撃的だった。そして，その論文に触れてから2年後の2009年から約2年間，彼の研究室でポスドク研究員として働くことになろうとは，彼の論文を手にした当時の私は想像もしていなかっただろうが，それ以来，パーソナリティ特性の発達と予測力に関する研究にどっぷりと浸かっている。

● 引用文献 ● ● ●

Allport, G. W. (1937). *Personality: A psychological interpretation.* New York: Holt.（詫摩武俊・青木孝悦・近藤由紀子・堀　正（訳）(1982). パーソナリティ―心理学的解釈　新曜社）

Bleidorn, W., Klimstra, T. A., Denissen, J. J. A., Rentfrow, P. J., Potter, J., & Gosling, S. D. (2013). Personality maturation around the world: A cross-cultural examination of social investment theory. *Psychological Science,* **24**, 2530-2540.

Borghans, L., Duckworth, A. L., Heckman, J. J., & ter Weel, B. (2008). The economics and psychology of personality traits. *Journal of Human Resources,* **43**, 972-1059.

Digman, J. M. (1997). Higher-order factors of the Big Five. *Journal of Personality and Social Psychology,* **73**, 1246-1256.

Heckman, J. J. (2007). The economics, technology, and neuroscience of human capability formation. *Proceedings of the National Academy of Sciences of the United Stated of America*, 104, 13250-13255.

Hill, P. L., Payne, B. R., Jackson, J. J., Stine-Morrow, E. A. L., & Roberts, B. W. (2013). Perceived social support predicts increased conscientiousness during older adulthood. *Journals of Gerontology, Series B: Psychological Sciences and Social Sciences*, 69, 543-547.

Lodi-Smith, J. & Roberts, B. W. (2007). Social investment and personality: A meta-analysis of the relationship of personality traits to investment in work, family, religion, and volunteerism. *Personality and Social Psychology Review*, 11, 68-86.

Markon, K. E., Krueger, R. F., & Watson, D. (2005). Delineating the structure of normal and abnormal personality: An integrative hierarchical approach. *Journal of Personality and Social Psychology*, 88, 139-157.

McCrae, R. R. & Costa, P. T. Jr. (1987). Validation of the five-factor model of personality across instruments and observers. *Journal of Personality and Social Psychology*, 52, 81-90.

McCrae, R. R. & Costa, P. T., Jr. (2008). The five-factor theory of personality. In O. P. John, R. W. Robins, & L. A. Pervin (Eds.), *Handbook of personality: Theory and research* (3rd ed., pp.159-181.) New York: Guilford Press.

Moffitt, T. E., Arseneault, L., Belsky, D., Dickson, N., Hancox, R. J., Harrington, H. L., Houts, R., Poulton, R., Roberts, B. W., Ross, S., Sears, M. R., Thomson, W. M., & Caspi, A. (2011). A gradient of childhood self-control predicts health, wealth, and public safety. *Proceedings of the National Academy of Sciences of the United Stated of America*, 108, 2693-2698.

Ozer, D. J. & Benet-Martinez, V. (2006). Personality and the prediction of consequential outcomes. *Annual Review of Psychology*, 57, 401-421.

Poropat, A. E. (2009). A meta-analysis of the five-factor model of personality and academic performance. *Psychological Bulletin*, 135, 322-338.

Prinzie, P., Stams, G. J., Deković, M., Reijntjes, A. H., & Belsky, J. (2009). The relations between parents' Big Five personality factors and parenting: A meta-analytic review. *Journal of Personality and Social Psychology*, 97, 351-362.

Quoidbach, J., Gilbert, D. T., & Wilson, T. D. (2013). The end of history illusion. *Science*, 339, 96-98.

Roberts, B. W. & DelVecchio, W. F. (2000). The rank-order consistency of personality traits from childhood to old age: A quantitative review of longitudinal studies. *Psychological Bulletin*, 126, 3-25.

Roberts, B. W., Kuncel, N., Shiner, R. N., Caspi, A., & Goldberg, L. (2007). The power of personality: A comparative analysis of the predictive validity of personality traits, SES, and IQ. *Perspectives in Psychological Science, 2*, 313-345.

Roberts, B. W., Lodi-Smith, J., Jackson, J. J., & Edmonds, G. (2009). Compensatory conscientiousness and health in older couples. *Psychological Science, 20*, 553-559.

Roberts, B. W., Walton, K. E., & Viechtbauer, W. (2006). Patterns of mean-level change in personality traits across the life course: A meta-analysis of longitudinal studies. *Psychological Bulletin, 132*, 1-25.

Roberts, B. W., Wood, D., & Smith, J. L. (2005). Evaluating Five Factor Theory and social investment perspectives on personality trait development. *Journal of Research in Personality, 39*, 166-184.

Takahashi, Y., Edmonds, G. W., Jackson, J. J., & Roberts, B. W. (2013). Longitudinal correlated changes in conscientiousness, preventative health-related behaviors, and self-perceived physical health. *Journal of Personality, 81*, 417-427.

高橋雄介・山形伸二・星野崇宏（2011）．パーソナリティ特性研究の新展開と経済学・疫学など他領域への貢献の可能性　心理学研究, 82, 63-76.

Column 2　経済学×心理学

　2002年のノーベル経済学賞。これは，経済学分野での心理学の貢献を語る上で近年最も重要な出来事だろう。心理学者のダニエル・カーネマンが経済学賞を受賞した。

　経済学は，ヒトの振る舞いを数学的に説明する。しかし，厳密にヒトの行動を数学的に説明するのは，極めて難しい。なぜなら，実際のヒトは，ロボットや人工知能とは違う。思いつきで突拍子もないことをすることがあるし，機嫌なんてものも存在する。そこで，従来の経済学では，ヒトの行動を究極に単純化し，まさにロボットのような仮想の人間を作り上げ（経済人と呼ぶ），それを研究の対象とした。経済人は義理も人情もない。感情がなく，究極にサバサバしている。だから，経済人は数学との相性は抜群だ。ここから経済学者は，最強の学問，数学を駆使し始めた。天才たちが作り上げた数々の数学的知識を統合し，経済学は今までに数知れない成果を上げてきた。

　「しかし，それ（経済人を基礎にした研究）は本当にヒトの研究か？」。心理学に興味を持つもの誰もが前述の経済学的アプローチについて疑問に持つだろう。ここで，ある事例を紹介しよう。心理学的な発想からは誰もが疑問に思うが，従来の経済学では説明がつかないものだ。あなたはこれからある実験に参加するとする。そこに，あなたと全く面識のない実験参加者（Aさんと名づける）がやってきた。次に実験者が現れて，こう言う。「これからAさんに1000円を渡します。Aさんは（あなたと）その1000円をお好きなように分けてください」。実験者は続けて言う。「もし（あなた）がAさんからもらう金額が気にくわなかったら，受け取りを拒否できます。そうすると，すべてチャラになり，Aさんと（あなた）の取り分は両方0円になります」。実験が始まった。Aさんは実験者から1000円を受け取った後，財布から1円玉を取り出して，あなたに差し出した。Aさんは残りの999円をまるまる貰おうとした。あなたはどうするか？　まず怒るだろう。そして，1円の受け取りを拒否し，Aさんの取り分を0円にするだろう。しかし，冷静に客観的に考えると，あなたもお金を損しているのだ。怒りのあまり，受け取りを拒否し1円を貰う機会を失った。1円たりともお金はお金だ。経済学の話に戻すと，この行動は従来の経済学では説明不可能だ。なぜなら，Aさんに対して抱いたであろう「ケチ！　ズルい！」という感情は，従来の経済学が想定する人間にはない。経済人は1円でも多く金銭を得ることに最大の喜びを覚える。このように，心理学的発想なしには語れない実際のヒトの行動は山ほどある。なお，上記の実験は，最後通牒ゲーム（Ultimatum game）と呼ばれている。

　このような経済学の状況を打破すべく登場したのが，行動経済学だ（カーネマン，2011）。行動経済学とは，従来の経済学に「人間らしさ」を加えた学問領域

だ。冒頭のカーネマン博士の最大の功績は，この行動経済学を発展させたことだ (Kahneman & Frederick, 2002; Kahneman & Tversky, 1979)。カーネマン博士は，自身の専門である心理学の観点から，経済学に「心理」を取り入れた（行動経済学やカーネマンの業績については，様々な本が出版されているので，ぜひ参照していただきたい）。また，実験経済学という分野の発展もすさまじい。冒頭に示した経済人だけに頼らず，実際にヒトを呼んできて実験をすることで，経済人と本来のヒトのギャップを埋めることに貢献している。このように，現代の経済学において，心理的観点・手法にも注目することで，経済学をより発展させる試みが盛んになっている。

経済学×心理学の融合は，近年さらに進化を続けている。脳科学との融合だ。心を可視化するツールである，脳科学の手法を用い，ヒトの経済的な行動の心理プロセスを可視化する試みが始まっている。経済学×心理学×脳科学の融合である。神経経済学と呼ばれる分野だ。前述の最後通牒ゲームにおける脳内プロセスの解明も行われた（Sanfey et al., 2003）。この研究では，相手から理不尽な提案（金銭の分配額）を受けた場合，なぜ自分の金銭的な利益を犠牲にしてまでも，その提案を拒否してしまうのか，脳内のプロセスを観察した。その結果，島皮質と呼ばれる脳領域が，「ケチ！　ズルい！」という感情に伴って活動することを突き止めた。この研究結果は，実際の人間の「心理」が，「経済」人では想定していないプロセスを，「脳内」で表現されていることを示したという意義がある。

このように，経済学×心理学の融合は，ヒトの本質を理解する上で，極めて重要な役割を果たしている。しかし，日本国内では，このような研究のアプローチをしている研究者は，現段階では決して多くない。そこで，心理学の勉強から一歩踏み出して，経済学と心理学を融合した研究領域に焦点を当てることも，非常にエキサイティングではないだろうか？

参考文献

Kahneman, D. & Frederick, S. (2002). Representativeness revisited: Attribute substitution in intuitive judgment. In T. Gilovich, D. Griffin, & D. Kahneman (Eds.), *Heuristics and biases: The psychology of intuitive judgment* (pp. 49-81). New York: Cambridge University Press.

Kahneman, D. & Tversky, A. (1979). Prospect theory: An analysis of decision under risk. *Econometrica: Journal of the Econometric Society*, 47, 263-291.

Sanfey, A. G., Rilling, J. K., Aronson, J. A., Nystom, L. E., & Cohen, J. D. (2003). The neural basis of economic decision-making in the ultimatum game. *Science*, 300 (5626), 1755-1758.

カーネマン, D.　友野典男・山内あゆ子（訳）(2011). ダニエル・カーネマン心理と経済を語る　楽工社

2 章

日々の生活に役立つ心理学

Q1 自然災害の場面で，心理学は役に立ちますか？

　自然災害とは，暴風，豪雨，豪雪，洪水，高潮，地震，津波，噴火，その他の異常な自然現象によって生じる被害のことを指します。日本は自然災害が多い国の一つです。特に，地震が多いことが知られています。日本で自然災害が多い理由は，日本の気象（雨や雪が多い）や地形（山地や急こう配の川が多い）などに理由があります。このように，日本全国どこに住んでいても，私たちは自然災害の脅威・危険から逃げることはできません。心理学は地震や台風などの自然災害のメカニズムを明らかにしたり，自然災害の発生を止めることや防ぐことはできません。しかしながら，心理学の知見を生かすことで自然災害による被害を低減することや自然災害と上手くつきあうことができます。本章では，自然災害を災害前・災害対応・災害後という一連のサイクルと捉え，それぞれの場面でのヒトのこころの働きや心理学の知見を応用する工夫を一緒に考えていきたいと思います。本章を通じて，心理学の知見が自然災害に関連する全ての場面で役に立っていることを確認したいと思います。

＊　　＊　　＊

1. 基礎固め

(1) 「自然現象」と「自然災害」の違い

　自然現象（natural phenomenon）とは，大気や地質学的な影響で自然に発生する物理現象のことである。例えば，雨や風や地震や火山噴火などのことである。自然現象の中でも，人や社会や環境に対して潜在的にネガティブな影響

を及ぼす要因となるものをハザード（natural hazard）と呼ぶ。例えば，日常的に起こる風や雨はハザードにならないが，台風や地震などはハザードに分類される。自然災害とは，ハザードが様々な脆弱性（vulnerability）と出会うことで生じる人的・社会的・経済的な被害のことである。ここでの脆弱性とは，社会政策の不備やビルや防波堤など建物の弱さや加齢や障害などの個人の弱さを含む包括的な考えである。つまり，ハザード（自然現象）が起こったとしても，脆弱性がなければ，自然災害となることはない。例えば，ハザードである地震は，誰も住んでいない地域で起こった場合には，脆弱性の指標となる人的・社会的・経済的な弱さがないので，単なる自然現象やハザードであり，自然災害と呼ばない点に注意が必要である。究極的には，自然災害について考えるということは，様々な自然現象と人間社会の関係性を考えることにつながるのである。

(2) 自然災害と社会の関係のサイクル

　自然災害と社会の関係を考えると，自然災害の発生を中心に①災害前，②災害応急対応，③災害後の3つの時間軸（フェーズ）に分けることができる。①災害前フェーズは，将来起こる可能性のある自然災害に対する備えをする期間である。例えば，防災教育や法的な制度や建物の整備などをする行動が含まれる。②災害応急対応フェーズは，自然災害が発生した直後の避難行動や救援活動などの応急的な対応を行う期間になる。例えば，自ら自然災害の危険から避難したり，被災者同士で救助したりする期間である。③災害後フェーズは，社会と生活を再建する復旧・復興期間になる。例えば，自然災害で被害にあった街の復興や経済の立て直しが始まる期間である。災害対応フェーズと災害後フェーズは，災害発生からの約1ヶ月を災害応急対応期と考え，それ以降を災害後フェーズと考えること区別がしやすい。自然災害と社会の関係のサイクルと考えると，1つの災害が終わると，社会は，次の自然災害に備えなければならない。ある災害に対する復旧・復興期には，次に来るかもしれない自然災害に向けた予防を行う時期（災害前フェーズ）でもある。つまり，自然災害に対する対策は，常に実施し続ける必要がある。

(3) 自然災害時における認知バイアス

　自然災害が発生した時に，私たちの考えや行動は，普段と異なる可能性が高い。このように，私たちの考えや行動が歪んでしまうことを認知バイアスと呼ぶ。災害発生時に最も起こりやすい認知バイアスは，正常性のバイアス (normalcy bias) である (Drabek, 1986)。正常性のバイアスとは，災害が起こる可能性や災害によって発生する様々な危険を低く見積もることである。この正常性バイアスが，強く働いた場合には，自然災害発生時の被害が大きくなる可能性がある。例えば，自然災害が起こって避難勧告などが出されたとしても，正常性のバイアスにより，危険性を低く見積もり，安全であると判断してしまうと，避難行動などの対応が遅れてしまうかもしれない。私たちは認知バイアスを意図的に止めることは難しいのかもしれないが，災害時に考えや行動が普段と異なる可能性があることを知っておくことは，重要であろう。

(4) 自然災害とストレス

　大規模な自然災害は，私たちの精神的健康にもネガティブな影響を及ぼすことが知られている。自然災害による最も重篤な精神的な不調は，PTSD (Post Traumatic Stress Disorder：心的外傷後ストレス障害) と呼ばれるものである。PTSD は，強烈なショック体験，強い精神的ストレスが，こころのダメージとなり，時間が経ってからも，その経験に対して強い恐怖を感じる精神障害の一つである。PTSD の主な症状は，原因となった外傷的な体験を意図しないのに繰り返し思い出される「再体験（想起)」，外傷的な体験を意識的にあるいは無意識的に避け続けたり，感情などの反応が麻痺したりする「回避」，不眠やイライラなどの「過覚醒」の3つである。

　近年の報告では，日本で起こった大規模災害を経験した一般市民の約 7.3% が PTSD 症状を示すことが報告されている (香月ら, 2012)。さらに，大規模災害後の救援活動後に，専門的な知識・経験・技術を有する救助者であっても，PTSD の症状が強く見られることが報告されている。例えば，災害急性期に活動できる機動性を持ったトレーニングを受けた災害派遣医療チーム (Disaster Medical Assistance Team：DMAT) という医療チームがある。具体的には，DMAT は，医師，看護師などで構成された専門的な訓練を受けた医

療チームのことである。近年の研究では，専門的な救助者である DMAT であっても，救援時に精神的苦痛を高く感じ，その後の大規模災害に関連したテレビ視聴時間が長いものほど，PTSD 症状が強く見られることが報告されている（Nishi et al., 2012）。このように，自然災害によるストレスは，被災者や救援者や被災地域外に住む者などに大きな影響力を持つ。自然災害によるストレスの影響の解明とその低減は，社会全体で考えるべき課題の一つであると言える。

2. Q&A

❶ 災害前フェーズ：災害教育は必要か？

　災害教育（防災教育）とは，自然災害からの被害を減らすことを目的とした教育のことである。災害教育の最終的なゴールは，自然災害に対する知識をつけるだけでなく，自然災害の場面で様々な問題を解決できるような人材を育成することである。災害教育は，災害に対する知識を学習する講義形式だけでなく，避難訓練などの体験学習を含む活動である。近年，ゲームを用いた災害教育に大きな注目が集まっている（図1-1）。

　①クロスロードは，災害対応のジレンマに対して，「Yes」か「No」の判断

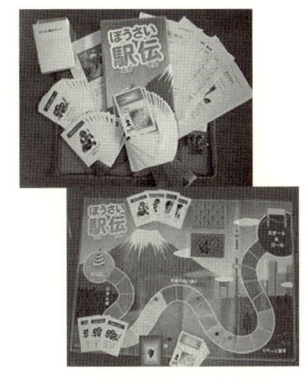

　　クロスロード　　　　　　防災駅伝　　　　　　防災すごろく

図1-1　災害教育ゲームの例

をし，意見を言いあうゲームである（矢守他, 2005）。例えば，3,000人が避難所に避難している状況で，手元には2,000人分の食料しかない場合に，食料を配布するかどうかを議論する。このゲームでは，正解はなく，様々な立場の人の意見や考えを知ることが目的である。②防災駅伝は，すごろくゲームと災害に関連した三択クイズを組み合わせたゲームである。例えば，津波に関する常識として正しいものは？という質問に対して，小さな揺れでも津波がくる・引き潮から始まる・第一波が最も波が高いという3つの選択肢から正解を選ぶというゲームである。③防災すごろくは，すごろくの目にあるアクションを実施するゲームである。例えば，ブレーカーを確認・ガスの元栓を確認など防災に関連する行動を実際に体験させるゲームである。

　これらの災害教育用のゲームでは，ある時点での行動についてのみをゲームの要素として取り扱ってきた（地震が来たら，机の下に隠れる）。しかしながら，災害時のことを考えると，自分の選択した行動によって，その後の事態が変化することは容易に想像がつく。例えば，自宅で大きな地震を経験した場合に，家に留まるのか，避難所へ向かうのかによってその後に取るべき行動は大きく異なる。つまり，災害場面では，ある判断が次の状況に影響を及ぼすため，私たちは連続して生じる状況で何回も判断を下し，行動をする必要がある。そこで，筆者は，災害時のある状況での自分のリスク判断が，その後の状況に影響を及ぼすことを連続的に体験できる災害教育用のゲームブックを作成した（図1-2上）。このゲームブックを用いた災害教育の効果を調べた研究がある（Nouchi & Sugiura, 2014）。この研究では，中学生を対象に，ゲームブックを用いて災害教育を行うゲーム教育群と災害に関するアニメを使用して災害教育を行うアニメ教育群の2群に分けて，災害教育を行った。その結果，ゲーム教育群の方がアニメ教育群と比べて，災害教育前後で次に災害が起こったら自分自身で対処できるという気持ちが高くなっていることが分かった（図1-2下）。この結果は，ゲームブックを使うことで，災害時に起こる様々な出来事を疑似的に体験することができ，次に来る災害に対する構え・準備ができたことを示している。

Q1 自然災害の場面で，心理学は役に立ちますか？

あらすじ	1) 自宅で一人で電子レンジでお弁当を温めている時に震度6の地震が発生した！
あなたは，海からほど遠い町で，両親と3人でマンションの7階に暮らしています。 両親は，スーパーに買い物に出かけていて，今日は一人で自宅で留守番をしています。 昼時にお腹がすいてきたので，母親が作ったお弁当を温めようとしています。	・すぐに机の下に隠れる→3 ・すぐに作りかけの昼食を食べる→2 ・すぐに両親に携帯電話で連絡をとる→4

2) 急いで作りかけのご飯を食べた。	3) 一旦，自分の安全を守るために机の下に隠れた。
・地震の情報を集める→7 ・余震に備えて机に隠れる→3	・地震の情報を集める→7 ・携帯電話で両親に電話をする→4 ・他の部屋の状況を確認する→5

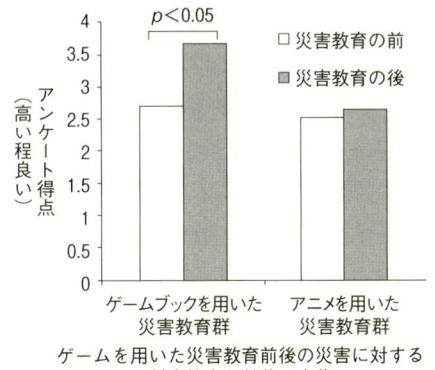

ゲームを用いた災害教育前後の災害に対する対応能力の前後の変化

図 1-2 ゲームブック形式の災害教育ゲームと災害教育前後のアンケートの結果
(Nouchi & Sugiura, 2014 をもとに改変)

❷ 災害応急対応フェーズ：緊急時と平常時とでは，認知プロセスは異なるのか？

　目の前にある情報が安全かリスクかを判断することは，日々の生活において必要な認知プロセスの一つである。例えば，平常時では，飲もうとしている牛乳の賞味期限が切れているかどうかの適切な安全/リスク判断は，健全な食生活を支え，食中毒などの病気の危険性を減らすことができる。一方で，緊急時

では，大型の台風が住んでいる地域に接近しているという状況で，接近してくる台風が大きいか小さいかどうかの適切な安全／リスク判断は，外出をするかどうかの判断や非常食を準備し，停電や外出ができなくなった場合の危険性を減らすことができる。このように適切な安全／リスク判断をすることができれば，私たちは状況に適した行動を促進し，様々な危険による被害を減じることができる可能性がある。

　私たちが情報を判断する認知プロセスは，様々な要因によって影響を受けることが報告されている。例えば，性格などの個人の内的な要因や判断に要する時間が限られている状況などの環境による外的な要因によって変化する。このような内的・外的な要因によって変化する情報判断プロセスを包括的に説明するモデルがシステム1・システム2モデルである（Slovic, 2007; 表1-1）。システム1とは，素早く判断をすることに特化された判断プロセスのことで，感情的な影響を受ける直観型の判断であると考えられている。一方，システム2とは，論理的に思考に基づく判断であり，判断するのに時間を要する熟慮型の判

表 1-1　システム 1 とシステム 2 の特徴

システム1	システム2
・素早く自動的に働く	・時間を要し，意識的に施行する
・大雑把な方向性を決める	・精緻的な判断を行う
・感情的で直観的な判断	・理性的な論理的な判断
・イメージや個別事例で判断する	・数字・統計量により判断する

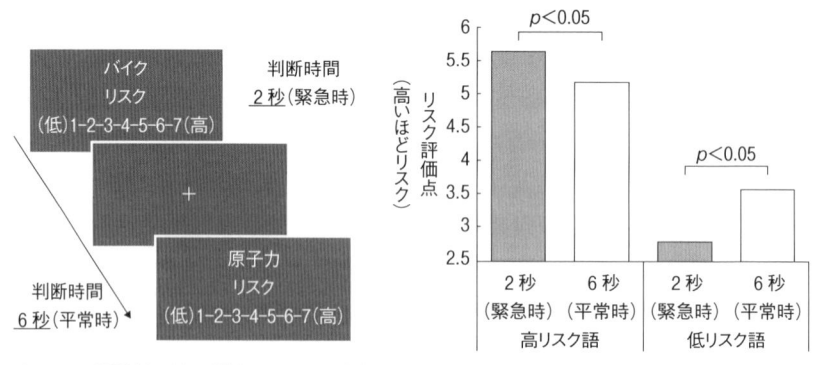

図 1-3　時間制限がある場合のリスク評定実験の様子とリスク評定の結果（野内, 2014 をもとに改変）

断である．災害時など緊急時の判断プロセスには直感型のシステム1が働くと考えられている．

このシステム1・システム2モデルに基づいて，情報を判断するまでの制限時間を操作して，緊急時と平常時のリスク認知の相違を調べた研究がある（野内，2014）．具体的には，緊急時に対応するシステム1が駆動しやすくなるように判断時間を2秒と設定した状況と，判断時間を6秒として平常時に対応するシステム2が駆動しやすくなるような実験状況を作り，リスク評定を行わせた（図1-3左）．その結果，高リスク語は判断するまでの時間が短い場合によりリスクが高いと判断する傾向があることが分かった（図1-3右）．この結果は，災害などの緊急時の情報伝達は短い時間で素早く災害などのリスク情報を伝えた方が，リスクが高いとヒトは判断し，その後のリスク回避・対処行動を取りやすい可能性があること示している．つまり，ヒトは緊急時には，情報の感情的な要素（リスク度）を過剰に見積もる可能性があることを示している．

❸ 災害後フェーズ：心理学は避難警報や避難経路の設計に貢献できるのか？

適切な避難誘導ができた場合，自然災害から無事に避難することのできる可能性を高め，結果的に自然災害の被害を低減することができる可能性がある．ここでは心理学の立場から，避難をより効果的にする避難誘導方法について検討した研究を紹介する．従来，広く行われている避難誘導方法は，出口の方向を大声で説明しつつ，出口を指さして，誘導者も出口の方へ移動する方法である（指差誘導法）．一方で，心理学の立場から提案する避難方法は，吸着誘導法である（杉万ら，1983）．吸着誘導法は，自分についてくるよう伝えて，自分の近くにいる数名の避難者を引き連れて避難する方法である．この方法では，大声で出口を示したりすることはない．実際の指差誘導法と吸着誘導法を用いた避難訓練の違いを調べた研究が報告されている（杉万ら，1983）．この研究では，ある街の地下街の避難訓練時に，指差誘導をする指導者4名，吸着誘導をする指導者4名を同時に配置して，避難者42名が指定された出口につくまでの時間を調べた．結果をまとめたものが，図1-4である．結果を見ると明らかなように，吸着誘導法は，指先誘導法よりも短時間により多くの避難者を避難

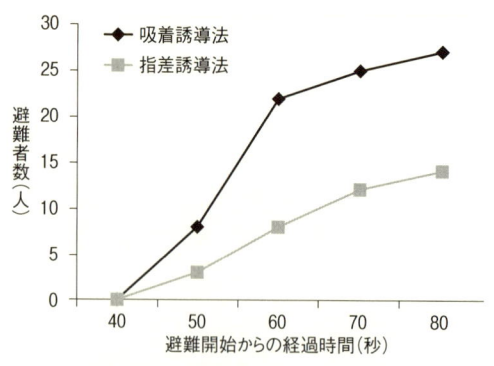

図1-4 吸着誘導法と指差誘導法による避難者数の違い（杉万ら，1983 をもとに改変）

させることができたのが分かる。

❹ 災害後フェーズ：災害の被害を受けると脳は変化するのか？

　大規模な自然災害の被害によるストレスを受けると，PTSD症状を示すだけでなく，脳の体積（脳形態）が変化することが報告されている。筆者らは，MRI（Magnetic Resonance Imaging）装置を用いて，2011年の東日本大震災のストレスによる脳形態の変化を調べた。これらの研究では，東日本大震災の発生前にMRI装置を使って脳画像を計測していた日本大震災の発生時に被災地（仙台市）周辺に在住していた大学生を対象に震災後3ヶ月，震災後1年後と継続的に脳画像を計測した。筆者たちの一連の研究で，新たに分かった事実

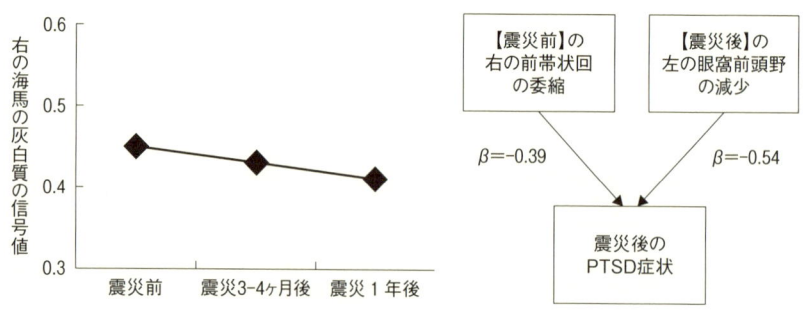

図1-5 震災経験による海馬の委縮と脳形態とPSTD症状の関係（Sekiguchi et al. 2013; Sekiguchi et al. in press をもとに改変）

は2つある。

1つ目は，大規模な自然災害によるストレスが長期的に脳形態に影響を及ぼすことを明らかにした点である。例えば，震災を経験した大学生の右の海馬は，震災前から震災1年後にかけて，減少し続けていることが明らかになった(Sekiguchi et al., in press; 図1-5左)。一般的に海馬の体積は，10代後半にピークがあり，その後緩やかに減少し，高齢期で急激に減少していくことが知られている。震災後1年間という短期間で海馬が急激に委縮するという結果は，大震災を経験したことのストレスが，青年期にある大学生の海馬の体積の減少を促進したことを示している。

2つ目は，震災後早期に出現するPTSD症状の原因及び結果となる脳形態の変化を明らかにした点である。例えば，震災前から前帯状回の脳体積が減少している被災者にPTSD症状を生じやすく（原因），PTSD症状出現に伴い眼窩前頭野の脳体積が減少する（結果）ことが明らかになった（Sekiguchi et al., 2013; 図1-5右）。前帯状回の機能として，恐怖や不安の処理に関与することが知られており，恐怖や不安の処理の機能不全がPTSD症状の誘因として関与している可能性を示している。また眼窩前頭野は，条件づけ恐怖記憶の消去に関与していることから，恐怖記憶を消去する処理の機能不全が震災後早期のPTSD症状の出現の背景にあることが示唆された。

3. 将来に向けて

日本の自然災害と心理学の研究を見てみると，災害に関する研究の数には波がある。具体的には，1980年代の研究と2011年以降の研究が多い。これは，心理学の学問の中で自然災害と心理学というテーマが継続的に研究されていないことを示している。前者は，1970年代に大きな台風や火災の被害があり，社会的に災害からいかに逃げるのかという避難行動に大きな注目が集まった時期である。後者は，2011年の東日本大震災を契機とする防災・減災に関する取り組みや災害によるストレスの影響に関心が寄せられた時期である。つまり，自然災害と心理学の研究は，大規模な自然災害が起こった後に，社会の要望を受けて実施しているものがほとんどである。筆者も東日本大震災をきっか

けに，自然災害と心理学の研究を始めた。自然災害と心理学の研究は，やるべきテーマが数多く残っている。そこで，自然災害と心理学の研究で，必要な研究を2つ紹介する。

　1つ目は，高齢者を対象とした研究である。自然災害と心理学の研究では，大学生を対象とした研究が多く，高齢者を対象とした研究はほとんどない。高齢者を対象とした研究が望まれる理由は，東日本大震災による死亡者の年齢を見てみると，60歳以上の高齢者が60％以上を占めるからである（平成25年版高齢社会白書〈http://www8.cao.go.jp/kourei/whitepaper/w-2013/zenbun/s1_2_6_07.html〉）。阪神淡路大震災においても死亡者の約半数が高齢者であった。これらの事実は，自然災害による高齢者の被害を低減させる必要性を示している。また，日本の高齢者人口は増加の一途をたどっていることからも，災害時の高齢者の行動パターンを解明し，高齢者の避難を促進する手段などを開発することは重要な研究テーマである。

　2つ目は，自然災害の発生時のヒトのこころの働きを直接調べる研究である。例えば，大きな地震を経験した直後に，実行機能・注意・記憶・処理速度などの認知機能がどのような影響を受けるのかを明らかにする研究が必要である。経験的には，大きな震災の直後には，記憶が曖昧であったり，適切な判断ができなかったり，周囲に気を配ることができなかったという報告がある。しかしながら，大きな揺れを経験することで，私たちの認知機能がどのように変化するのかを調べた研究は少ない。近年，開発された簡易型の地震体験装置や津波体験装置などを用いることで，自然災害発生時のヒトの認知プロセスを明らかにすることができる可能性がある。将来的に，自然災害発生時のこころの働きが明らかになれば，ヒトの認知特性に合致した避難勧告の出し方，避難経路の設定などが新しく提案できる可能性がある。

自己紹介

 理屈が好きな私は，幼い頃から，なぜ同じことをするのに，人前だと緊張して上手くいかなかったり，好きな人と一緒だとちょっと魅力的に見えたりのするのかと疑問に思っていた。このように文脈によって影響を受けるヒトの行動に興味を持ち，心理学科に入学した。博士論文の学位論文は，「感情」という文脈がヒトの行動（特に記憶）に及ぼす影響を調べた。その後，研究で扱う文脈を変え，「加齢」がヒトの行動に及ぼす影響を調べる研究を行った。その後，2011年の東日本大震災を，仙台市で体験した。震災直後の混乱の中で，普段と違う態度や行動を取り始める人を多数目撃した。震災当日の夜，停電のため，懐中電灯を天井からぶら下げた灯りの中で，「災害」という文脈がヒトの行動に及ぼす影響についてぼんやりと考えていた。また，ラジオから繰り返し流れてくる津波による沿岸部の状況を聞くたびに，心理学の力で自然災害による被害を減らすことはできないのかなぁと思っていた。その後，運よく，東北大学に新設された災害科学国際研究所で研究できることになり，実際にゲームを用いた防災教育ツールの開発・実践や緊急時のヒトのこころの働きの解明などの研究として実現することができた。現在では，自然災害研究で心理学が貢献できることは，数多くあると思っている。
 さて，自分の研究をふり返ってみると，自分の関心である「文脈がヒトの行動に及ぼす影響」というテーマは，幼いときから変わっていないように思う。このことは，文脈が変わっても変化しないヒトの行動があることを示しているのかもしれない。最近では，文脈に左右されないヒトの行動にも関心が出てきた。いつまでもヒトの行動やこころに関する関心や疑問は尽きない。やっぱり，ヒトのこころは面白いなぁと思う。

●引用文献●●●

Drabek, T. E. (1986). *Human system responses to disaster: An inventory of sociological findings.* New York: Springer Verlag.

香月毅史・鈴木英子・叶谷由佳・日下和代・塩田久美子・三井督子・佐藤千史（2012）．特殊災害時における一般市民のPTSD罹患率に影響を与える要因 精神医学, 54, 837-845.

Nishi, D., Koido, Y., Nakaya, N., Sone, T., Noguchi, H., Hamazaki, K., Hamazaki, T., & Matsuoka, Y. (2012). Peritraumatic distress, watching television, and posttraumatic stress symptoms among rescue workers after the Great East Japan earthquake. *PLoS One*, 7, e35248.

野内 類（2014）．緊急時と平常時のリスク判断と安全判断の認知プロセスの違い—時間制限法を用いた認知心理学的検討 安全・安心な生活のための情報通信システム（ICSSSL）研究会講演論文集, 5, 19-22.

Nouchi, R. & Sugiura, M. (2014). Beneficial effects of learning with game-book on education for disaster prevention in children. *Journal of Disaster Research*, 9, 1079-1087.

Sekiguchi, A., Sugiura, M., Taki, Y., Kotozaki, Y., Nouchi, R., Takeuchi, H., Araki, T., Hanawa, S., Nakagawa, S., Miyauchi, C. M., Sakuma, A., & Kawashima, R. (2013). Brain structural changes as vulnerability factors and acquired signs of post-earthquake stress. *Molecular Psychiatry*, 18, 618-623.

Sekiguchi, A., Kotozaki, Y., Sugiura, M., Nouchi, R., Takeuchi, H., Hanawa, S., Nakagawa, S., Miyauch, C. M., Araki, T., Sakuma, A., Taki, Y., & Kawashima, R. (in press). Resilience after 3/11: Structural brain changes 1 year after the Japanese Earthquake. *Molecular Psychiatry*.

Slovic, P. (2007). If I look at the mass I will never act: Psychic numbing and genocide. *Judgment and Decision Making*, 2, 79-95.

杉万俊夫・三隅二不二・佐古秀一 (1983). 緊急避難状況における避難誘導方法に関するアクション・リサーチ (I) ―指差誘導法と吸着誘導法 実験社会心理学研究, 22, 95-98.

矢守克也・吉川肇子・網代 剛 (2005). 防災ゲームで学ぶリスク・コミュニケーション ―クロスロードへの招待 ナカニシヤ出版

Q2 心理学は防犯に役立つのでしょうか？

　次の質問に答えてください。質問1「あなたは，現在の日本が，治安がよく，安全で安心して暮らせる国だと思いますか」，質問2「この10年間で日本の治安はよくなったと思いますか。それとも，悪くなったと思いますか」。

　2つの質問は，内閣府が平成18年12月と平成24年7月に行った世論調査に含まれていたものです。我が国は，世界の中でも治安が良い国と言われることが多いですが，どちらの調査でも，半数近くの人が我が国のことを，治安が良く安全で安心して暮らせる国だとは「思っていない」こと，そして8割程度の人が10年前と比べて治安が「悪くなっている」と回答したことが分かっています（内閣府, 2006, 2012）。

　このような不思議な現象がなぜ起きるのか，そして，私たちが犯罪におびえることなく，安心して暮らすためには何が必要なのか，これらの問題を解き明かすためには心理学的なアプローチが有効です。本章では，心理学が治安や防犯の問題にどのように貢献しているのかについて解説します。具体的には，人々が犯罪に遭わないようにするためにはどうしたらよいのかなど，犯罪防止と犯罪被害に関する問題を心理学の観点から研究する学問である「防犯心理学（crime prevention psychology）」の研究成果を紹介することで「心理学は防犯に役立っている」ことを明らかにしていきます。

　　　　　　　＊　　　＊　　　＊

1. 基礎固め

　普段，あまり意識することはないかもしれないが，我々は自分自身が何らかの損害を被るのではないかというリスクを見積もり，そのリスクに備えることで生活を送っている。我々が，リスクを評価する対象は，地震や水害などの自然災害や火事，交通事故などと多様である。例えば，病気というリスクを取り上げるとするならば，大病を患うかもしれないと思っている人は，医療保険や生命保険に入ることでそのリスクに備えていることが多いだろう。これらのリスクの中でも，自分自身や他者がどの程度犯罪被害に遭いやすいかという犯罪被害リスクに対する主観的な見積もりのことを「犯罪被害リスク認知（perceived risk of crime, perceived risk of criminal victimization）」と呼び，そして犯罪の発生を未然に防ぐためのあらゆる方策や対策のことを総称して「防犯（crime prevention）」と呼ぶ。自分自身の犯罪被害リスクを高く見積もっている人は，自衛のために，日頃から防犯対策に積極的に取り組む傾向がある（Honda & Yamanoha, 2010）。

　犯罪被害リスク認知についてもう少し説明する。犯罪被害リスク認知は，あ

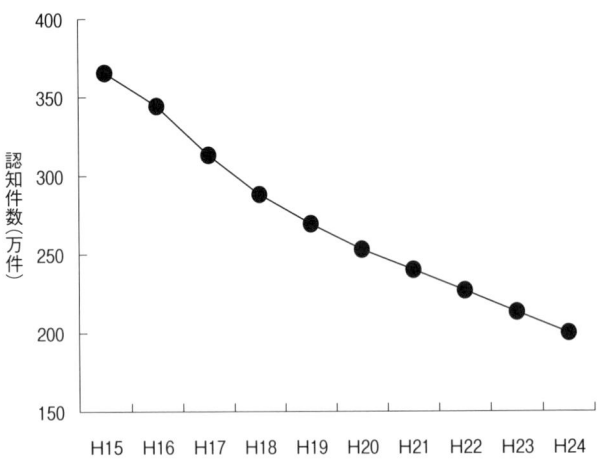

図 2-1　平成 15 年から平成 24 年までの 10 年間の刑法犯総数の推移（法務省，2014 より作成）

くまで主観的なものであることから，必ずしも治安の実態とは一致しない場合がある。事実，冒頭で紹介した内閣府の世論調査では，8割程度の人が10年前と比べて治安が「悪くなっている」と回答しているが（内閣府, 2006, 2012），それに反して実際の認知件数は減少傾向にあることが分かっている（図2-1）。すなわち，人々は治安が悪化していると感じているが，日本の治安は10年前と比べて実際には「良くなっている」のである。このような状況に対して，現在の我が国は，治安が悪化したという神話を市民が共有している犯罪不安社会であるという指摘がなされている（浜井・芹沢, 2006）。

それでは，なぜ人々は治安が悪化していると感じているのであろうか。例えば，平成24年の内閣府の調査では，10年前と比べて治安が「悪くなっている」と回答した人に対して，その原因を回答することを求めているが，その結果，「地域社会の連帯意識が希薄となったから（55％）」を選ぶ人が最も多かったことが明らかにされている（次いで「景気が悪くなったから（47％）」，「様々な情報が氾濫し，それが容易に手に入るようになったから（45％）」）（内閣府, 2012）。昨今，我が国では，無縁社会という言葉が登場したことからも明らかなように，人と人，人と地域の関係が希薄化していることが指摘されているが，その影響が治安においても生じていると思っている人が増えていると言えるだろう。

心理学では，地域社会の連帯意識は「地域社会の結び付き（community tie）」として取り上げられており，防犯に関してもその影響が検討されてきた。例えば，ある研究は，地域社会や住民間の結び付きが弱い場合は，当該地域に住む人の「犯罪被害に対する恐怖感（fear of crime）」が高いこと，そしてその地域の犯罪発生率も高いことを報告している（Riger et al., 1981）。さらに別の研究は，近所の人と防犯上の助けあいをすることが多い人は，犯罪被害に対する恐怖感が軽減するだけではなく，抑うつなどの心理的な苦悩が少なくなることを明らかにしている（Norris & Kaniasty, 1992）。

犯罪被害リスク認知や犯罪被害に対する恐怖感は，様々な要因の影響を受けるが（表2-1），地域社会の結び付きが弱まりつつあることが，我が国で犯罪不安社会が生み出されるようになった一因かもしれない。仁平（2009）は，人々が安心して暮らすためには，物理的な安全だけではなく，自分を守ってく

表 2-1　犯罪被害リスク認知や犯罪被害に対する恐怖感に影響する要因（島田，2011より転載）

個人レベル	デモグラフィック	性別，年齢，家族構成，就業状態，教育歴，収入，人種
	過去経験	犯罪被害，メディア視聴，警察活動／防犯活動への接触
	日常活動	外出頻度，犯罪対処行動
	社会関係	パーソナルネットワーク，ソーシャルサポート，社会参加
	居住環境	住宅の種類（一戸建て／集合住宅），住宅所有，住宅の監視性／領域性
	態度など	刑事司法への信頼，公正世界信念
地区レベル	犯罪	犯罪発生率，警察活動／防犯活動の水準
	住民の安定性	五年間定住率，住宅所有，人種構成
	物理環境要因	都市規模，街路の監視性／領域性，秩序びん乱
	社会関係	自治体への加入，社会活動の水準，集団的効力感

れる信頼できる存在が必要であることを指摘している。犯罪不安社会とも形容される我が国において，地域社会の結び付きを強めていくことは，犯罪不安社会を抜け出し，国民が「安心」して生活できる社会を作り上げる上で重要である。

本章では，ここまで我が国の治安の現状とそれに関係する基礎的な事柄を解説してきたが，次はQ＆A方式で防犯心理学に関係する質問に具体的に答えることで「心理学は防犯に役立つ」ことをさらに明らかにしていく。

2. Q＆A

❶「自分は犯罪被害に遭うことはないだろう」と思い込みがちな理由を教えてください

　残念なことではあるが，近所で不審者が出たということを聞く機会があったとしても，自分自身が何らかの犯罪の被害者になるかもしれないと真剣に考える人は少ない。それは一体なぜなのだろう。これまでの研究から，我々には，他の人には災害や事故が起きるかもしれないけれども，自分自身が実際に災害

や事故の被害に遭う確率は低いと考える「楽観バイアス（optimistic bias）」あるいは「非現実的な楽観主義（unrealistic optimism）」と呼ばれる認知的なバイアスがあることが分かっている（例えば Weinstein, 1980）。そして，このバイアスの存在は，犯罪被害リスクにおいても確認されている（Perloff & Fetzer, 1986）。したがって，私たちには，基本的に「他の人は犯罪被害に遭うことはあるかもしれないけれども，自分自身が犯罪被害に遭うことはないだろう」と考えてしまう傾向がある。

それではどのような要因が楽観主義バイアスに影響を与えているのであろうか。要因の1つは不安などのネガティブ感情である（Helweg-Larsen & Shepperd, 2001）。例えば，日頃不安を感じにくい人，いわゆる特性不安（trait anxiety）が低い人は，特性不安が高い人と比べて，楽観主義バイアスが示されやすいことが分かっている。そして，もう1つの代表的な要因は，リスク認知の対象となる事象の制御可能性（controllability）である。例えば，自分自身で被害を避けることができると感じている事象に対しては楽観主義バイアスが示されやすいこと，過去に実際に被害を経験したことがある事象に対しては楽観主義バイアスが生じにくいことが分かっている。

犯罪被害に遭うかもしれないと怯えて暮らすことは私たちが精神的健康を保つ上で決して良いものではない。したがって，楽観主義バイアスは，人間が精神的健康を保って暮らしていく上では必要不可欠な機能なのかもしれないが，その性質上，防犯対策や災害への備えを抑制するマイナスの効果があることには充分に留意しておく必要がある（仁平, 2009）。

❷ **防犯意識が高い人と低い人がいると思うのですが何が違いを生むのでしょうか**

はじめに我が国でどのような人たちが犯罪被害に遭っているのかを説明する。平成26年版犯罪被害者白書が示す通り，若年層は他の年齢層よりも犯罪被害に遭いやすく，男性は女性よりも犯罪被害に遭いやすい傾向がある（図2-2）。しかしながら，犯罪被害リスク認知や犯罪被害に対する恐怖感を調べてみると，若年層や男性は，他の年齢層や女性よりも，リスク認知を低く見積もり，恐怖感も感じにくいというパラドックス（逆説）が示されることが分かっ

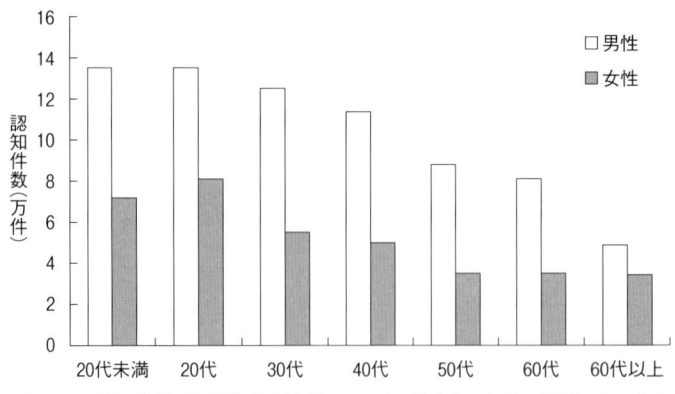

図 2-2 刑法犯総数（交通業過を除く）における被害者の年齢・性別による差異
（内閣府, 2014 より作成）

ている（例えば Smith & Torstensson, 1997）。犯罪被害リスクを高く見積もっている人や犯罪被害に対する恐怖感が高い人は防犯意識が高い傾向があることから，性別や年齢は，防犯意識の程度に違いを生み出す要因の一つとして理解することができる。

事実，本多・山入端（Honda & Yamanoha, 2010）は，我が国の若年層を対象に防犯に関する調査を行った結果，①個人情報の管理や施錠の厳重化などの「警戒心」，②死角が多い地区の回避などの「危険地区回避」，③動きやすい服装や近隣住民とのコミュニケーションなどの「リスク管理」，④明るい道の選択などの「危険経路回避」，⑤派手な服装の自粛などの「自己モニタリング」，⑥夜間の単一行動の自粛などの「夜間外出自粛」という6方略で防犯が構成されていること，そして，女性は男性よりも「危険地区回避」「危険経路回避」「夜間外出自粛」を行っていること（図2-3），それらの方略は性犯罪に関係するリスク認知と結びついていることを報告している。したがって，女性は男性よりも防犯意識が高いと思われがちであるが，女性は男性よりも全体的に防犯意識が高いわけではない。具体的には，性別や年齢は，その属性に応じた特定の犯罪被害リスク認知やそれに対応した防犯意識を部分的に特徴付ける要因として機能しているのである。

それでは，防犯意識の高さを全体的に規定する要因は存在するのであろう

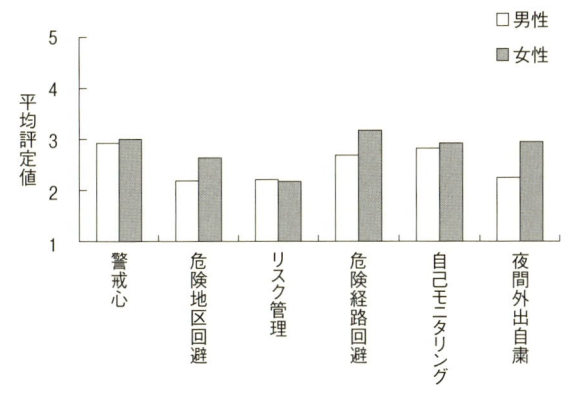

図 2-3　防犯方略尺度得点における男女差（Honda & Yamanoha, 2010 より作成）

か。本多（2010）は，「統制の所在（locus of control）」と呼ばれる性格特性が，若年層の防犯意識を規定する要因として機能している可能性が高いことを報告している。統制の所在とは，ロッター（Rotter, 1966）によって提唱された人格特性である。具体的には，自分の行動の結果を自分自身に求める傾向がある人を「内的統制者（internal control）」，自分の行動の結果を運などの外的要因に求める傾向がある人を「外的統制者（external control）」と分類する（Rotter, 1966）。本多（2010）は，統制の所在と防犯方略の関係を調べた結果，内的統制者は外的統制者よりも自己モニタリング方略を除く全ての防犯方略尺度の得点が高いことを見出している（図 2-4）。統制の所在は，自然災害に対する備えの違いを生み出すことも明らかにされていることから（Sims & Baumann, 1972），この性格特性は，防犯意識だけではなく，防災意識全般を規定する要因である可能性が高いと言える。

❸ 犯罪が起きやすいような環境はあるのでしょうか

悪者になったつもりになって，何らかの事件を起こそうとする場面をイメージしてほしい。例えば，ひったくりをしやすい場所，ゴミの不法投棄をしやすい場所にはどんな特徴があるだろうか。イメージしてみると，ひったくりをしやすい場所とゴミの不法投棄をしやすい場所が大きく異なることに気づくだろう。ひったくりは，通行者がある程度存在しなければ行うことはできない。一

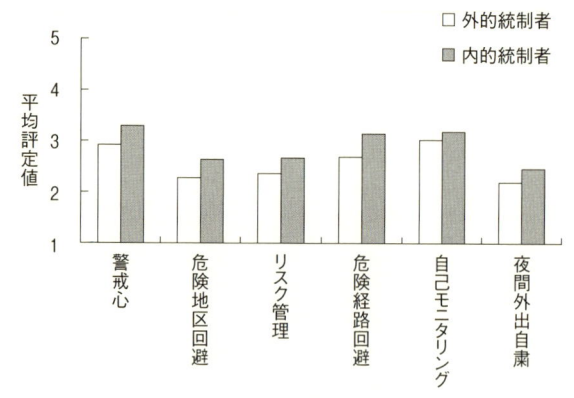

図 2-4 統制の所在による防犯方略尺度得点の差異 (本多, 2010 より作成)

方, ゴミの不法投棄は, 通行人がいる環境では行うことはできない。このように, 犯罪と環境は密接に関係しているのは間違いないが, 犯罪が起きやすい環境というものを一括りにして理解することは難しいと言える。

しかしながら, いくつかの研究からは, 私たちがどの程度ルールを守るかは周囲の状況の影響を受けること, 環境によっては, 人は普段よりも悪事に手を染めやすくなることが明らかにされている。例えば, もし, 環境情報がルールを破る人が身近に存在することを連想させるものであったら, 私たちの振る舞いにはどのような影響があるのだろうか。オランダで行われたフィールド実験は, 落書き禁止の公共物に落書きを行うことでこの問題を検証している。その結果, 落書きがある場合は落書きがない場合と比べて, チラシをポイ捨てする割合や現金入りの郵便物を盗む割合が約 2 倍増加することが報告されている (図 2-5) (Keizer et al., 2008)。この研究からも明らかなように, 私たちは, ルールが守られているかどうかを判断する際に, 環境情報を手がかりとして利用しており, 私たちがどの程度ルールに従って行動するかどうかに関しても, その情報の影響を少なからず受けてしまうのである。

それでは, 私たちにルールや規範を守らせることを促す環境情報はあるのだろうか。最近の研究によれば, 私たちは, 他者の視線にとても敏感な性質があり, 例えば「誰かが見ているぞ!」などのような言葉と共に目が描かれた看板を環境に配置すると, その環境では社会的に望ましくない行動が起きにくくな

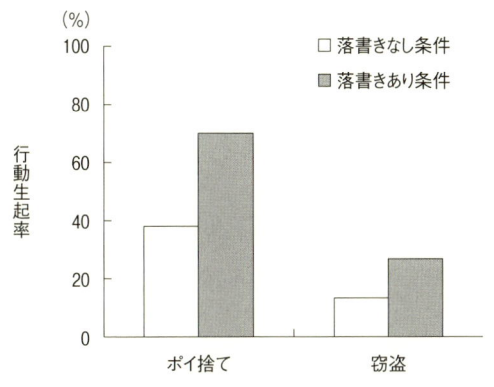

図2-5 オランダで行われたフィールド実験の結果 (Keizer et al., 2008 より作成)

ることがが報告されている (Bateson et al., 2013)。我が国でも，いくつかの自治体が目を描いた看板を不法投棄等の防止に用いていることが報道されているが，これまでの研究によれば，どの程度の人がその環境に存在するかによっても効果が変動することが報告されていることから (Bateson et al., 2013)，実際の防犯活動に応用する際にはこのような点に留意することが重要である。

3. 将来に向けて

　本章では，はじめに，我が国の治安の現状とそれに関係する基礎的な事柄を解説し，その後，私たちが犯罪には遭わないだろうと思い込みがちな理由，防犯意識の違いを生む原因，さらに犯罪が起きやすい環境の特徴について具体的な研究をもとに解説してきた。

　最後に，将来の課題について述べたい。これからの研究においては「どのような防犯教育を行うことがより望ましいのか」について積極的な研究と証拠に基づく議論を行う必要がある。防犯教育は，犯罪に遭わないようにするためにはどうすれば良いのか，もし犯罪被害に遭った場合はどうしたら良いのかを学ぶ上で極めて重要な役割がある。ただし，防犯教育は，その性質上，学習内容が具体的になればなるほど，学習者に対して自分自身が無力な存在かもしれないこと，そして生活する環境が危険と隣りあわせであることを印象づけやす

い。したがって，これからの研究では，学習者に過度の危機感や恐怖感を与えないためにはどうすれば良いかなど，学習者のこころに配慮した防犯教育をデザインしなければならないと思う。

仁平（2009）は，人々が安心して暮らすためには，物理的な安全だけではなく，自分を守ってくれる信頼できる存在が必要であることを指摘している。例えば，子どもたちへの防犯教育においては，教職員や地域の人たちが子どもたちの安全を守るために日ごろから全力を尽くしていること，万が一のことがあっても子どもたちを守るシステムが存在することを伝えることが，子どもたちに過度の危機感や恐怖感を与えない防犯教育を行う上で重要な要素かもしれない。

繰り返しになるが，現在の我が国は，治安が悪化したという神話を市民が共有している犯罪不安社会であるという指摘がなされている（浜井・芹沢, 2006）。したがって，どのような防犯教育がより効果的なのかという実利的な研究以外に，学習者の安心感を犠牲にしない防犯教育には何が必要か，そして防犯教育を行う上ではどのような倫理的な配慮が必要なのかについても研究を行い，具体的な指針を提示することが望ましいと思う。私は，このような問題を効果的に解決する上では心理学が大きな役割を果たすと信じている。

自己紹介

私は，実験心理学，認知工学，災害心理学を専門にしている。防犯に関する研究は，福島県にある，いわき明星大学人文学部に勤務していたときに学生諸君と一緒にはじめたものである。

この章では，私の研究成果（Honda & Yamanoha, 2010; 本多, 2010）を取り上げたので，もしかすると尺度に興味をもたれた方がおられるかもしれない。この尺度を使用して研究を行ってみたい方は，お手数をおかけするが，私まで一度連絡を頂ければと思う（連絡先：akio.honda6@gmail.com）。この尺度には，回答者の防犯の特徴を明らかにしてしまう性質があることから，取扱いには注意が求められる。そのため，日本語では，項目の一部しか公開しないようにしてきた。尺度の使用許可は，取扱い等に関係するいくつかの約束事を厳守して頂ける方に対してのみ行っているのでご理解頂ければと思う。

このことからも明らかなように，防犯の研究は，人々の生活と密接に関係しており，研究を行う際は特別な倫理的配慮が求められると思う。心理学は応用できる学

> 問である。皆さんが研究を行われる場合は，その研究が悪用されることはないか，人を傷つける可能性はないかなどについてもきちんと考えて頂けるととても嬉しく思う。

●引用文献●●●

Bateson, M., Callow, L., Holmes, J. R., Roche, M. L. R., & Nettle, D. (2013). Do images of 'watching eyes' induce behaviour that is more pro-social or more normative? A field experiment on littering. *PloS one*, 8, e82055.

浜井浩一・芹沢一也 (2006). 犯罪不安社会：誰もが「不審者」？ 光文社

Helweg-Larsen, M. & Shepperd, J. A. (2001). Do moderators of the optimistic bias affect personal or target risk estimates? A review of the literature. *Personality and Social Psychology Review*, 5, 74-95.

本多明生 (2010). 大学生における Locus of Control と防犯方略 いわき明星大学人文学部研究紀要, 23, 21-28.

Honda, A. & Yamanoha, T. (2010). Perceived risks and crime prevention strategies of Japanese high school and university students. *Crime Prevention and Community Safety*, 12, 77-90.

法務省 (2014). 平成25年版犯罪白書 〈http://hakusyo1.moj.go.jp/jp/60/nfm/mokuji.html〉

Keizer, K., Lindenberg, S., & Steg, L. (2008). The spreading of disorder. *Science*, 322, 1681-1685.

内閣府 (2006). 治安に関する世論調査 〈http://www8.cao.go.jp/survey/h18/h18-chian/〉

内閣府 (2012). 治安に関する特別世論調査 〈http://www8.cao.go.jp/survey/tokubetu/h24/h24-chian.pdf〉

内閣府 (2014). 平成26年版犯罪被害者白書 〈http://www8.cao.go.jp/hanzai/whitepaper/w-2014/html/zenbun/index.html〉

仁平義明 (2009). ほんとうの安心とは何か 仁平義明 (編) 防災の心理学：ほんとうの安心とは何か (pp.3-18) 東信堂

Norris, F. H. & Kaniasty, K. (1992). A longitudinal study of the effects of various crime prevention strategies on criminal victimization, fear of crime, and psychological distress. *American Journal of Community Psychology*, 20, 625-648.

Perloff, L. S. & Fetzer, B. K. (1986). Self-other judgments and perceived vulnerability to victimization. *Journal of Personality and social Psychology*, 50, 502-510.

Riger, S., LeBailly, R. K., & Gordon, M. T. (1981). Community ties and urbanites' fear of crime: An ecological investigation. *American Journal of Community Psychology*, 9,

653-665.
Rotter, J. B.（1966）. Generalized expectancies for internal versus external control of reinforcement. *Psychological Monographs: General and Applied*, **80**, 1-28.
島田貴仁（2011）. 犯罪不安とリスク認知　小俣謙二・島田貴仁（編）　犯罪と市民の心理学：犯罪リスクに社会はどうかかわるか（pp.2-22）　北大路書房
Sims, J. H. & Baumann, D. J.（1972）. The tornado threat: Coping styles of the north and south. *Science*, **176**, 1386-1392.
Smith, W. R. & Torstensson, M.（1997）. Gender differences in risk perception and neutralizing fear of crime: Toward resolving the paradoxes. *British Journal of Criminology*, **37**, 608-634.
Weinstein, N. D.（1980）. Unrealistic optimism about future life events. *Journal of Personality and Social Psychology*, **39**, 806-820.

Q3 学校で困難を抱えている子どもに心理学は役立つのでしょうか？

　学校現場には，いじめや不登校，校内暴力など多くの問題が存在します。心理学は，こうした学校で困難を抱える子どもに対して様々なレベルから貢献しています。近年では子どもの心理・発達面への支援がますます重要視されるようになり，以下で述べるような心理学の専門知識を持つ者が学校現場の中に位置づけられるようになってきています。

　また，心理学の専門家だけでなく教師の日々の教育実践の中でも心理学は活かされています。教師の仕事はもちろん勉強を教えることですが，それだけでなく学級の運営や学習面以外での子どもに対する指導・支援も重要な仕事になります。そのため，教員免許を取るためには，必ず教育や発達，臨床に関する心理学の授業を受けなければいけないことになっています。例えば，学校現場では困難を抱えた子どもに対応するために教師がカウンセリングマインドを持つことが重視されています。カウンセリングマインドとは，カウンセリングにおいて重要な知識や態度を教師が身につけ，必要に応じて使い分けられることです（伊藤, 2011）。教師がこうした心理学の知識を身につけておくことが，子ども達を支援する上で役立っています。

　本節では，主に小・中学校において子どもを支援する際に，心理学がどのように役立っているのかについて具体的に見ていきます。

　　　　　＊　　　＊　　　＊

1. 基礎固め

　学校における子どもの困難は，大きく心理的な不適応と社会的な不適応に区分できる。まず心理的な不適応についてだが，内的な欲求と外的環境との折りあいがつかなければ欲求が満たされず葛藤が生じ，様々なストレス反応（不安や無気力，怒り，身体症状など）につながる。また，人には周囲から認められたいという承認欲求がある。周囲からの期待に応えられていないと感じることで，自尊感情や自己効力感が低下することも心理的な不適応と言える。

　社会的な不適応は反社会的問題と非社会的問題に区分される。反社会的な問題には，周囲に危害を加えたり規範やルールを逸脱する行動が含まれ，校内暴力やいじめの加害は反社会的問題に該当する。非社会的問題には，集団場面でうまく振る舞えずに孤立したり対人的な関わりを避けたりすることなどが含まれ，一部の不登校はこの非社会的問題と捉えられる。

　子どもの学校における困難は心理的適応，社会的適応の両側面から捉えられる必要がある。例えば，子どもによっては周囲に合わせるあまり自らの内的な欲求を抑圧してしまうケースもある。こうした子どもは社会的には適応的に見える一方で心理的には不適応な状態にあり過剰適応といわれるが，このような問題は心理・社会的適応の両側面を考慮しなければ捉えられない。また，子どもの困難の背景には，発達障害が隠れているケースもある。発達障害に気づかれなかったり理解が十分でないことで適切な対応がなされず困難を抱えている子どもも少なくない。そのため，本節でも以下で発達障害について取り上げる。

　次に，学校で困難を抱えた子どもに対してどのような支援が必要になるのかだが，そこでは心理教育的アセスメント，カウンセリング，コンサルテーションの3つが重要になる。石隈（1999）はこれら3つの支援の側面について以下のように定義している。

　まず，心理教育的アセスメントは「子どもの問題状況についての情報を収集し，分析して，援助的介入に関する意思決定を行う資料を提供するプロセス」とされる。次に，カウンセリングは広義に「子どもへの直接的な援助サービ

ス」と捉えられている。具体的には心理の専門家によるカウンセリングだけでなく，授業や部活動などでの援助活動，保健室での相談活動，障害のある子どもへの特別な教育なども含まれる。最後に，コンサルテーションは「異なる専門性または役割を持つ者同士が，一緒に，子どもの問題状況を検討し，今後の子どもへの関わりについて話しあう作戦会議」とされる。例えば，スクールカウンセラーが子どもに直接関わる教師や親にアドバイスするといったことがコンサルテーションに含まれる。このように，まずは心理教育的アセスメントによって子どもの問題を把握し，直接的・間接的に困難を抱えた子どもに支援を行うことが重要である。

　ただ，子どもの支援を考える際には，既に問題が生じている子どもに対して対処するという視点だけでは十分ではない。問題が深刻化する前に予防する，問題が生じにくくなるような土壌を作るといった視点が欠かせない。先の石隈（1999）は，子どもに対する支援のあり方として，一次的援助サービス，二次的援助サービス，三次的援助サービスの3段階を挙げている（図3-1）。一次

一次的援助サービス
すべての子ども
（入学時の適応，学習スキル，対人関係スキルなど）

二次的援助サービス
一部の子ども
（登校しぶり，学習意欲の低下など）

三次的援助サービス
特定の子ども
（不登校，いじめ，
LD（学習障害），非行など）

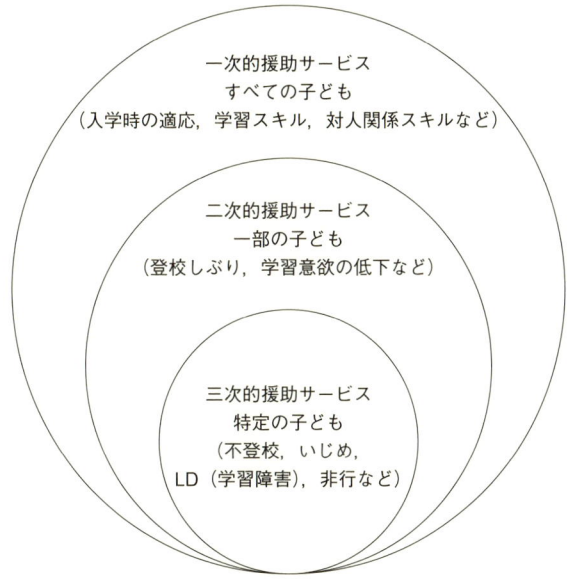

図3-1　3段階の援助サービス，その対象，および問題の例（石隈，1999）

的援助サービスには全ての子どもの適応や発達を促す働きかけが含まれる。二次的援助サービスは，登校しぶりや学習意欲の低下，孤立傾向などそのままではより深刻な問題に移行する危険性のある子どもに対する支援である。早期に子どもの困難に気づき問題が深刻化することを予防する。三次的援助サービスは，不登校，いじめ，発達障害，非行など特別な援助が個別に必要な子どもに対する支援である。学校にはこれら3段階の支援を意識し，子どもに対する多面的な支援を行うことが求められている。

こうした支援を行う上で重要な役割を担っているのが心理臨床の専門家であるスクールカウンセラー（以下，SC）である。SC は 1995 年から導入が開始され，現在では全国の中学校だけでなく，小学校，高校にも配置されるようになってきている。SC は学内の相談室でアセスメントやカウンセリングを行うだけでなく，コンサルテーションなど教師や親と連携した子どもへの支援も行う。本節では，SC が具体的にどのような支援を行っているのかについて以下で見ていく。

また，文部科学省は 2008 年からスクールソーシャルワーカー（以下，SSW）活用事業も展開している。SSW は学内で子どもの支援を行うこともあるが，困難を抱えた子どもが置かれている環境への働きかけや，関係機関等とのネットワークの構築・連携・調整といった側面が重視されている。子どもの支援においては学校内での支援だけでなく学校外との連携も重要であり，SSW には学校と学校外をつなぐ役割が求められていよう。

2. Q & A

❶ 子どもの問題を理解するためにどのような方法があるのでしょうか？ ──

困難を抱えた子どもを支援するためには，まず問題状況を把握・分析する心理教育的アセスメントが重要になる。学校でのアセスメントの方法には大きく，観察，面接・遊戯，心理検査の3つがある（石隈, 1999）。

観察は文字通り子どもの言動や態度などをよく見ることであるが，教師が授業の中で子どもを観察するというように子どもに関わりながら観察がなされる場合と，心理の専門家が子どもと距離を保ちながら観察するというように直接

的なやり取りの少ない状況で観察がなされる場合がある。また，同じ子どもでも状況によって様子や振る舞いは異なるため，授業中，休み時間，放課後，家庭など様々な場面で観察は行われる。ただし，全てを一人で観察することには限界もあるため，心理の専門家や教師など複数が観察を行い，それぞれの情報を統合し子どもの全体像を浮かび上がらせることが重要だと言える。

　面接・遊戯についてだが，面接では子どもと直接対話をすることで問題を把握しようとする。面接にはあらかじめ尋ねる内容を決めそれに沿って面接を行う方法（構造化面接），事前に尋ねる内容を決めずに面接を行う方法（非構造化面接），ある程度尋ねる内容を決めておくが被面接者の反応に応じて柔軟に質問を変えていく方法（半構造化面接）がある。面接では子どもの言語的反応だけでなく非言語的反応からも様々な情報を得ることができる。面接者は子どもが思っていることをありのままに話せるよう，面接者と被面接者間の信頼関係であるラポールを形成することが重要である。また，自分の問題を言語化することが上手くできない子どもも少なくない。こうした場合，絵を描いたりカードゲームなどで一緒に遊んでいる中で，悩みが語られる様になったり子どもの想いが表現されることがある。

　観察や面接は日常的にもよく用いられるが，心理学では子どもの問題を理解するために様々な心理検査が開発されている。心理検査を活用することで表面的には捉えにくい子どもの問題が捉えられる。心理検査には，知能検査，発達検査，パーソナリティ検査などがある。

　代表的な知能検査としてはウェクスラー式知能検査があり，子ども用にはWISC-Ⅳ（5～16歳対象）が広く用いられている。同年齢集団における知能の程度を知ることが出来るとともに，知能の様々な側面（言語理解，知覚推理，ワーキングメモリー，処理速度）について測定していることから諸側面のバランスについても検討できる。この他，田中ビネー知能検査ⅤやKABC‐Ⅱもよく用いられる。

　代表的な発達検査としては，新版K式発達検査が挙げられる。この検査では「姿勢・運動」「認知・適応」「言語・社会」の3つの領域及び全領域の発達年齢が評価され，発達指数（DQ：Developmental Quotient）が算出される。

　パーソナリティ検査にはさらに質問紙法，投影法，作業検査法がある。質問

紙法には矢田部・ギルフォード性格検査（YG 性格検査）や MMPI（ミネソタ多面的人格目録），NEO-FFI 人格検査，エゴグラムなどがある。「人と話すのが好きである」といった質問項目に対して「はい／いいえ」などで回答してもらうもので，比較的簡便にパーソナリティの様々な側面を測定できる。ただし，回答者が意図的に回答を歪められるといった問題もある。投影法にはロールシャッハ・テストやP－Fスタディ（絵画欲求不満テスト），文章構成法テスト（SCT），バウムテストなど様々なものがある。曖昧な刺激や教示に対する反応の仕方によって，本人が意識化することが難しいパーソナリティの側面についても把握できる。ただし，結果の解釈には検査者の熟達を要する。作業検査法としては内田クレペリン検査がよく用いられる。この検査は一定時間内に数字を加算していくという作業を繰り返すもので，作業のやり方や結果からパーソナリティを理解しようとする。この方法にはパーソナリティの限られた側面しか把握できないという問題がある。

　このように心理検査の方法には様々なものがあるが，それぞれの方法は人間のある側面しか捉えることができない。困難を抱えた人を総合的に理解するために，複数の心理検査を組み合わせて用いることが多いが，このことをテストバッテリーという（山口, 2011）。

　これまでは個人をアセスメントする方法について述べてきたが，学級集団をアセスメントする方法としてソシオメトリックテストがある。これは，好悪感情に基づき集団を把握するための方法で，学校では例えば隣の席に座ってほしいクラスメイトを数名挙げてもらい，それによって学級の人間関係を把握する。どのクラスメイトを選択したのかを表にまとめたものをソシオマトリックス，ソシオマトリックスを図式化したものをソシオグラムという（図 3-2）。実施することで子どもたちに悪影響が生じないよう配慮が必要だが，学級集団内のグループや，孤立・いじめのリスクのある子どもの把握に有効である。

❷ **スクールカウンセラー（SC）はどのような仕事をしているのでしょうか？**

　学校によって SC の位置づけや仕事の内容は異なるが，基本的には学校で困難を抱えた子どもを支援するため，上述の心理教育的アセスメント，カウンセ

Q3　学校で困難を抱えている子どもに心理学は役立つのでしょうか？　　141

	選んだ子ども								選ばれた数
		a	b	c	d	e	f	g	h	
選ばれた子ども	a		2番							1
	b				1番	2番			1番	3
	c	1番			1番	1番	2番			5
	d									0
	e			1番	2番		2番			3
	f			2番				1番		2
	g	2番								1
	h		1番							1

ソシオマトリックスの例。ここでは1番目, 2番目に隣に座ってほしい人の2名を選択してもらった。選ばれた数から人気者や孤立者が把握できる。

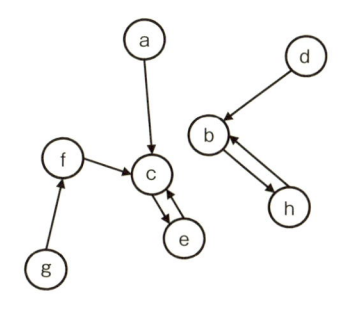

ソシオグラムの例。ここでは1番目に隣に座ってほしい人に向けて矢印を引いた。「c」と「b」を中心とした2つのグループがあることが理解できる。

図3-2　ソシオマトリックスとソシオグラム

リング，コンサルテーションを行っている。主な活動の場は学内の相談室だが，職員室や学級，必要に応じて学外と様々な場に関わる。相談に行きやすい雰囲気づくりや子どもとの関係形成，教職員との連携のためには相談室の外での活動も非常に重要である。

　相談室では個別的な支援がなされると共に，休み時間や放課後に相談室を子どもたちに開放し自由に過ごせる自由来室活動（半田，2000）がなされることもある。個別的な支援では悩みを抱えた子どもへのカウンセリングはもちろん，子どもの親に対するカウンセリングや，アセスメントのための心理検査を実施することもある。自由来室活動ではSCを交えながら雑談をしたりカードゲームで遊んだり，絵を描いたりと様々な活動がなされる。相談室に行くことに抵抗を感じる子どももいるが，気軽に参加できる自由来室活動があることでそうした抵抗感を和らげられる。また，先述のように悩んでいることがうまく整理できず，相談しに行くという形で悩みを語ることが難しい子どもも存在する。こうした子どもの場合，自由来室活動が悩みを言語化する手助けになる。

　以下では，SCの仕事を具体的に理解するために，都内の公立中学校でSCをしているKさんの一日の仕事の様子を見てみよう。Kさんはこの中学校に週1日SCとして勤務している。出勤するとまず管理職（校長・副校長）や養護教諭（保健室の先生）と情報交換を行い，一日のスケジュールについて確認

する。多くの場合SCは週1日しか学校に勤務していないため，SCが把握していない間に学校で起こった出来事について共有する必要がある。Kさんの勤務する中学校の場合，養護教諭が校内での教育相談担当者となっているため，密に連絡を取りあいSCの勤務日以外に面接予約の電話が入った際には，養護教諭がかわりに予約の確認をしている。

　Kさんはこの日，2件の生徒との面接と3件の保護者との面接が入っていた。面接の予約状況は職員室や相談室前に貼ってある予約表に書き込み教職員や生徒に周知している。面接が入っていない時間帯には，授業中や休み時間の生徒達の様子を知るため，校内巡回を行った。授業についていけない生徒はいないか，休み時間に一人でぽつんとしている生徒はいないかなど，必要に応じて声掛けを行いながら確認をする。気になる生徒がいた場合は，学級担任や学年担当の先生に報告し，情報交換や助言を行う。

　給食の時間は1年生のクラスで生徒達と一緒に給食を食べた。授業中と違って給食の時間は自由な雰囲気で会話ができる場であり，自然な会話を通して生徒達の普段の様子や人間関係を把握することができる。また，SCが距離の近い存在だと感じてもらえる絶好の機会にもなる。昼休みは相談が入っていなかったため，自由来室活動の時間とした。この中学校には，オセロや将棋，トランプなどが置いてあるため，それを目当てに来室する生徒も多い。遊びながら話をする中で，ふと悩みや相談事を持ちかけてくる生徒もおり，自由来室活動からカウンセリングへと繋がるケースも少なくない。

　放課後は，相談があった生徒や保護者の学級担任・管理職・養護教諭などと，一日の報告や情報交換を行った。カウンセラーには守秘義務が求められるが，SCとして勤務する場合，個人ではなく学校内での守秘義務という認識で，できるだけ詳細な報告を行っている。SCは週1回しか学校に勤務することができないが，生徒は毎日学校に来ている。その間に何か問題が起こった場合，学校の教職員が対応しなくてはならないため，特に緊急性が高いケース（いじめ，虐待，自殺の可能性など）については，本人の了解が得られずとも必ず報告を行っている。退勤時には，面接の記録と一日の報告書をまとめ，管理職への報告を行い，次回来校日のスケジュールについて確認を行った。

　以上，Kさんのある一日の流れについて記載したが，Kさんの仕事はこれだ

けではない。相談室便りの発行，教育相談会議への出席，教職員や保護者向けの講座の実施，中学 1 年生の全員面接の実施，道徳の時間の共同授業，医療機関等の関係諸機関への連絡など，業務は多岐にわたっている。学校の方針によって業務の内容は異なるが，SC には困難を抱えた子どもを支援する専門家として様々な役割を果たすことが求められている。

❸ **学校で発達障害の子どもを支援する際に重要なことは何でしょうか？**

まず発達障害とは何かについてだが，2005 年に施行された発達障害者支援法では発達障害は「自閉症，アスペルガー症候群その他の広汎性発達障害，学習障害，注意欠陥多動性障害その他これに類する脳機能の障害であってその症状が通常低年齢において発現するものとして政令で定めるもの」と定義されている。

2012 年に文部科学省が実施した調査（文部科学省，2012）によれば，通常学級の中で発達障害の可能性のある子どもの割合は 6.5％とされており，仮に一学級 40 人とした場合，クラスに 2〜3 人はこうした子どもが存在することになる。通常学級における発達障害とその定義は表 3-1 の通りである。高機能自閉症については類似した障害としてアスペルガー障害，広汎性発達障害，自閉症

表 3-1　通常学級における発達障害とその定義

学習障害（LD）	学習障害とは，基本的には全般的な知的発達に遅れはないが，聞く，話す，読む，書く，計算する又は推論する能力のうち特定のものの習得と使用に著しい困難を示す様々な状態を指すものである。学習障害は，その原因として，中枢神経系に何らかの機能障害があると推定されるが，視覚障害，聴覚障害，知的障害，情緒障害などの障害や，環境的な要因が直接の原因となるものではない（文部科学省, 1999）
注意欠陥・多動性障害（ADHD）	ADHD とは，年齢あるいは発達に不釣り合いな注意力，及び／又は衝動性，多動性を特徴とする行動の障害で，社会的な活動や学業の機能に支障をきたすものである。また，7 歳以前に現れ，その状態が継続し，中枢神経系に何らかの要因による機能不全があると推定される（文部科学省, 2003）
高機能自閉症	高機能自閉症とは，3 歳位までに現れ，①他人との社会的関係の形成の困難さ，②言葉の発達の遅れ，③興味や関心が狭く特定のものにこだわることを特徴とする行動の障害である自閉症のうち，知的発達の遅れを伴わないものをいう。また，中枢神経系に何らかの要因による機能不全があると推定される（文部科学省, 2003）

スペクトラム障害がある。なお，アメリカ精神医学会の最新の診断基準（DSM-5）では自閉性障害（自閉症），アスペルガー障害，（特定不能の）広汎性発達障害は，自閉症スペクトラム障害という一つの診断名にまとめられている。学校現場ではこれらの診断名を目にするが，診断名が異なっていても社会性やコミュニケーションにおける困難，狭い興味・反復的な行動といった特徴は共通している。

この表で示した発達障害の子どもはあくまで部分的に困難な面があるのであり，周囲の理解があり適切な支援があれば通常学級でも適応的に過ごすことができる。また，障害に応じて特別な指導が必要と判断された子どもについては，普段は通常学級に所属しながら部分的に別室で指導を受けるという通級に通うケースもある。しかし，障害に気づかれずに不適切な関わりがなされた場合，本来発達障害とは関係のない二次障害（自尊感情の低下や抑うつ，問題行動など）まで抱えてしまう可能性がある。

そのため，発達障害の子どもの支援を考える上でまず重要なことは，周囲が障害に気づくことである。学校が障害に気づくことで，本人の障害特性に合った対応が見えてくる。しかし，上述の発達障害の子どもは知的には問題がない場合が多く，症状の現れ方にも個人差が大きいため，専門知識がないと気づくことが難しい。そこで，心理や発達の専門知識を持つものによるアセスメントが重要になる。その際には，知能検査や発達検査などの心理検査が有効なツールになるだろう。また，教師が発達障害に関する研修などを受け，日々の関わりの中で障害に気づける目を養っておくことも重要である。ただし，障害かどうかの診断自体は医師が行うことになるのでこの点には留意が必要である。

2007年から特別支援教育が実施されたことに伴い，学校では特別支援教育コーディネーターという役割の教師が置かれるようになった。特別支援教育コーディネーターとは，障害に関する専門知識とともにカウンセリングマインドを有しており，保護者や学校内及び関係機関等との連絡調整役としてコーディネーター的な役割を担う教師のことである（国立特別支援教育総合研究所,2009）。こうした教師が配置されるようになったこともあり，学校における発達障害に対する認知は高まってきている。しかし，学校で発達障害の疑いのある子どもに気づいても，保護者が子どもの障害を受容できず，必要な支援につ

ながらないというケースも少なくない。発達障害という言葉自体は一般にも浸透しつつあるが，障害の理解については十分とは言えない状況にある。そのため，保護者に対するカウンセリングを行ったり，保護者向けに発達障害に対する理解を深められるような機会を作っていくことも重要な支援の一つになるだろう。

3. 将来に向けて

　学校における子どもへの支援について，支援の方法と支援の体制という視点から今後の支援のあり方について考えてみたい。
　まず，支援の方法についてだが，適応上の困難，発達障害，虐待など学校には様々な問題を抱えた子どもへの支援が以前にも増して求められるようになってきている。こうした，教育現場のニーズに呼応するように，心理学界でも実践的な研究に対する機運が高まり，それらの知見に基づき多くの支援のための方法やプログラムが開発されている。そして，書店に行けば教師向けの支援のためのハウツー本が並び，中にはすぐに授業で使えるようにパッケージ化されているものもある。このように，様々な支援のための方法が開発され手軽に使えるようになること自体は教育現場に対して恩恵をもたらすが，一方で支援のための方法に振り回されてしまうという問題も潜んでいる。「良い方法とされているのでとりあえず使う」「良い方法を使っているのだからこれでいい」というように思考停止してしまっては，効果的な支援にはならない。それぞれの方法には限界やデメリットもあり，それを理解した上で目的や状況に応じて適切な方法を選び取るという姿勢が支援する側に求められよう。
　次に，支援の体制についてだが，学校に心理の専門知識を持つものが位置付けられるようになったことで，以前よりも子どもの支援に対するニーズをすくい上げやすくなったといえる。しかし，支援の必要な子どもに気づいても，それに対応できるだけの十分なリソースが学校にあるかと言えば，現状ではそうではない。適応上の困難や発達障害を抱えた子どもが複数人いる学級を担任一人できめ細かい支援を行いながら運営することは容易ではない。発達障害の場合は特別支援教育支援員などが配置される場合もあるが，足りているとは言え

ない状況である。SCについても週1日の勤務ではできることに限界があるだろう。必要な子どもたちに支援が行き届くよう，支援環境の充実が望まれる。

このようにリソースが限られている中で支援を行うためには，支援者間の連携が特に重要になる。しかし，学校に様々な支援の専門家が位置づけられるようになったものの，導入されてからまだ日は浅く効果的な連携のあり方については更なる研究の蓄積が必要である。また，支援に関する専門職化が進むことは，一方では困難を抱えた子どもは専門家に任せておけば良いといった認識を形成してしまう危険性もはらんでいる。一人の支援者ができることは限られており，それぞれがどのような支援の役割を与えられているのかを自覚しながら，悪い意味での分業化が進まないよう連携を深めていく必要があるだろう。

自己紹介

大学時代に増え続ける不登校が問題となっており，そのことがきっかけで児童・青年の学校生活や学校適応について研究を行うようになった。また，研究と共に不登校の子どもが通うフリースクールや中学校の相談室などで困難を抱えた子どもにも関わってきた。

これまでの研究から，子どもたちが何を「適応の支え」として学校生活を過ごしているのかの理解が重要であることが見えてきた。子どもたちは一人一人得意なことや苦手なことが異なっており，彼らは学校生活を過ごす中で，自分が上手く振る舞える場を見つけ，それを支えにしながら学校に適応しようとしている。学校側としては，適応の支えが見つけられない子どもには見つけられるための支援を，適応の支えが崩れそうな子どもにはそれを補強するような支援を行うことが重要だと言える。ただし，こうした適応の支えは子どもの学校生活を総合的に捉えないと見えてこない。それぞれの支援者が持っている断片化された子ども像をつなぎあわせる必要があるのである。

今後は学校内だけでなく学校外も含みながら，いかに児童・青年の適応の支えが捉えられるのかについて検討していきたいと考えている。

●引用文献●●●

半田一郎 (2000). 学校における開かれたグループによる援助—自由来室活動による子どもへの直接的援助 カウンセリング研究, 33, 265-275.

石隈利紀 (1999). 学校心理学—教師・スクールカウンセラー・保護者のチームによる心

理教育的援助サービス　誠信書房
伊藤美奈子　(2011)．教師に求められる臨床的視点　春日井敏之・伊藤美奈子（編）　よくわかる教育相談（pp.2-3）　ミネルヴァ書房
国立特別支援教育総合研究所　(2009)．特別支援教育の基礎・基本――一人一人のニーズに応じた教育の推進　ジアース教育新社
文部科学省　(2003)．今後の特別支援教育の在り方について（最終報告）
文部科学省　(2012)．通常の学級に在籍する発達障害の可能性のある特別な教育的支援を必要とする児童生徒に関する調査　（調査結果）
文部省　(1999)．学習障害児に対する指導について（報告）
山口正二　(2011)．心理アセスメント　松原達哉・福島脩美（編）　カウンセリング心理学ハンドブック（下巻）(pp.3-34)　金子書房

Column 3　災害科学と心理学

　「災害」という現象は，しばしば「多面的である」と言われており，災害の科学（災害科学）は，工学，理学，地学，情報学，社会学，経済学，医学，歴史学など様々な視点からアプローチがなされている。その中には，もちろん「心理学」も鎮座しており，心理学は災害科学を支えてきた重要な学問の一つである。「心理」から「災害」，「災害」から「心理」に向かった研究者は少なくなく，これまでにこの境界領域で多くの研究業績が蓄積されている。
　ここで3つほど，筆者が災害科学において，心理学と関係が深いと思う概念やキーワードを挙げておこうと思う。
　災害×心理で，最も重要な概念は「災害対応の時系列的展開」であると思う。林らの一連の研究では，「被災者の災害発生後の心理的時間感覚は，10時間，100時間，1,000時間といった10のべき乗（対数軸）によって変化する」ことが検証されている（林，2001；青野ら，1998；田中ら，1999）。1～10時間は失見当期と言われ，災害による大規模な環境の変化により何が起こっているのかを把握できない時期で，次の10～100時間は被災地社会の成立期にあたり，命を守る活動や避難所の開設などが行われる。100～1,000時間は被災地社会が維持される時期で，社会のフローを回復し，被災者の生活を安定させる時期である。1,000時間以降は，現実への帰還の時期に当たり，社会ストックの再建が行われる。災害を語るとき，「被災地の状況は刻々と変わる」「人々のニーズは時間の経過とともに変化する」などによって表現される。そういった意味では，災害発生からの時間経過を分析軸にして，災害対応の過程を分析することが一般的になっている。阪神・淡路大震災以降，その時間経過を分析するフレームとして以上のモデルを使用することがスタンダードになっており，数多くの研究成果が生み出されている。人間の感覚が対数尺度で表現されることは，心理学的研究にもとづいており（ヴェーバー−フェヒナーの法則），心理学研究が災害科学に及ぼした影響がとても大きい。
　災害×心理，特に避難・危機回避×心理で，最も有名なキーワードは，「正常性バイアス（normalcy bias）」ではないだろうか。心理学の専門書で改めて説明するのは僭越であるが，「正常性バイアス」とは，いわゆる先入観であり，異常な事態が起こっても，それを正常の範囲内としてとらえ，心を平静に保とうとする働きのことを意味する。津波災害を例にとれば，「海溝型の地震が発生し，ゆれを感じ，さらには，大津波警報が発表されても，『自分のところは大丈夫だろう』と思い込み，避難しない」といった状況のことである。こういった心理的な現象は古くから言及されており，災害が起きる度に各所で「正常性バイアス」という言葉が飛び交う。その度に「正常性バイアス」議論の「次」はないのだろ

Column 3 災害科学と心理学

か，と考えてしまう。現象としては理解できていても，それに起因する被害を軽減する解決策の提案や実装に至っていない現状がある。災害科学は，防災・減災に寄与してこそ価値ある学問であるが，「正常性バイアス」を取り巻く議論は，まだそこに到達していないと考える。

災害に対する心理学のアプローチは，以上の例に挙げたように，災害発生間もない緊急対応や応急対応に焦点を当てたものが多い。しかし，心理学の範疇は，その後の復興対応や次なる災害への備え（事前）にも及ぶ。ここで一つ領域の例を挙げれば，災害伝承×心理になろう。関連するキーワードとして「災害の記憶」を挙げたい。先行研究によれば，15年経過すると，災害を経験した人とそうでない人の備えの程度に差が見られなくなるという（河田・泉，1993）。加えて，世代間の伝承の限界である20年や，弔いあげに代表される30年を超えて，記憶が持続することは極めて難しいという（首藤，2008）。筆者らは，1964年新潟地震が発生して50年の時点で行った同地震災害の被災地内にある小学校の4年生91名に新潟地震に関する調査を行った。この調査では，①すべての児童が新潟地震を知っているわけではないこと（全体の7割にとどまる），②同地震における著名な出来事である「昭和大橋の落橋」について知っている児童は2割にも満た

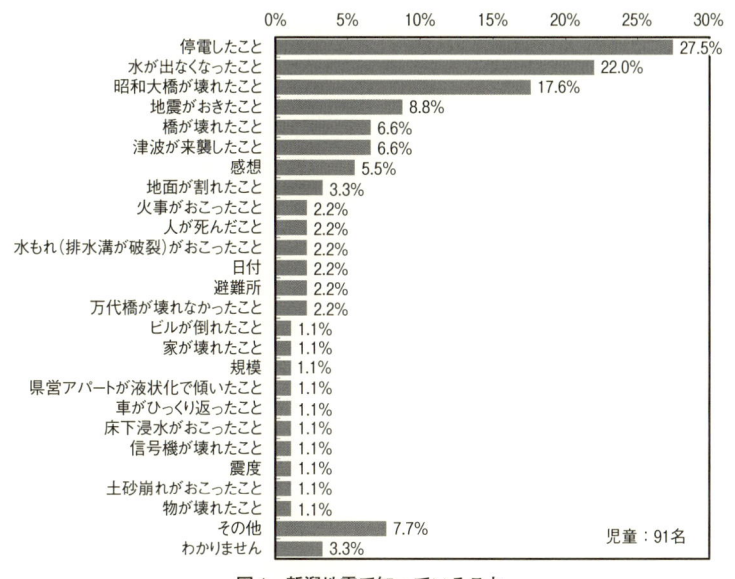

項目	割合
停電したこと	27.5%
水が出なくなったこと	22.0%
昭和大橋が壊れたこと	17.6%
地震がおきたこと	8.8%
橋が壊れたこと	6.6%
津波が来襲したこと	6.6%
感想	5.5%
地面が割れたこと	3.3%
火事がおこったこと	2.2%
人が死んだこと	2.2%
水もれ（排水溝が破裂）がおこったこと	2.2%
日付	2.2%
避難所	2.2%
万代橋が壊れなかったこと	2.2%
ビルが倒れたこと	1.1%
家が壊れたこと	1.1%
規模	1.1%
県営アパートが液状化で傾いたこと	1.1%
車がひっくり返ったこと	1.1%
床下浸水がおこったこと	1.1%
信号機が壊れたこと	1.1%
震度	1.1%
土砂崩れがおこったこと	1.1%
物が壊れたこと	1.1%
その他	7.7%
わかりません	3.3%

児童：91名

図1 新潟地震で知っていること
（震災発生50年後，新潟小学校4年生を対象にした調査）

ないこと，③「津波が発生したこと」，「石油コンビナートの大規模火災」，「液状化現象による県営アパートの転倒」を知っている児童は1割にも満たなかったという結果が得られた（図1，佐藤ら 2014）。災害の発生から，20-30年を超えて「地域の記憶」として災害の経験を残すことは極めて難しい。

「災害文化」という言葉がある。いくつかの定義があり，その意味は若干のゆらぎをもっているが，平たく言えば「災害が起きることを前提とした社会・個人の文化」「その文化によって形成された社会・個人のシステム」であると言えよう。「正常性バイアス」現象の解決する一つの方法として，「災害の記憶」を個人・地域で継続する方法として，ヒトや社会の災害に対する向き合い方を根底から変化させる，言い換えれば「災害文化」を形成させることが考えられる。ここで一つ，「心理学は，社会・個人の災害文化を形成することができるか」という問いが立てられる。ぜひこれにチャレンジしていただけないだろうか。

これらの問いは，大変魅力的であり，今後も心理学が防災・減災に果たす役割はますます大きくなると思う。なお，筆者は災害科学を専門としているが，心理学の研究者ではなく，マトを射ていない議論になっている可能性があることを付記しておきたい。

参考文献
林春男：率先市民主義防災ボランティア論講義ノート，晃洋書房，p.52，2001.
青野文江，田中聡，林春男，重川希志依，宮野道雄：阪神・淡路大震災における被災者の対応行動に関する研究—西宮市を事例として—，地域安全学会論文報告集，No. 8，pp.36-39，1998.
田中聡，林春男，重川希志依：被災者の対応行動にもとづく災害過程の時系列展開に関する考察，自然災害科学，Vol. 18，No. 1，pp. 21-29，1999.
河田惠昭，泉拓良：比較災害論による災害文化の現代的意義，災害多発地帯の「災害文化」に関する研究，平成4年度科学研究費研究成果報告書，pp.165-187，1993.
首藤伸夫：記憶の持続性—災害文化の継承に関連して—，津波工学研究報告，No. 25，pp.175-185，2008.
佐藤翔輔，今村文彦，川島秀一，今井健太郎，首藤伸夫：わが国における災害伝承に関する量的分析の試み，第33回日本自然災害学会年次学術講演会講演概要集，pp.1-2，2014.

Q4 障害のある人の支援に心理学は役立つのでしょうか？

　心理学は古くから障害のある人の支援に重要な役割を担っています。例えば，障害のある人の支援には，①その人の特性のアセスメント，②その人を取り巻く環境のアセスメント，③具体的な支援方法の提案と適用，④支援効果の評価，などのアプローチが重要ですが，このいずれでも心理学の知識や測定方法が重要な役割を担っています。

　例えば，医療・福祉・教育の分野で利用されている知能検査は，20世紀のはじめにフランスの心理学者ビネーによってその基礎が作られました。もとは子どもが通常の教育方法に適応可能かどうかを客観的に判断するために作成された検査です。また，障害のある人が日常生活においてどの程度自身で活動できるかを評価するADL（Activity of Daily Living：日常生活動作）やIADL（Instrumental Activity of Daily Living：手段的日常生活動作）の観点にも心理学や人間工学の評価手法が必要です（表4-1）。医療・福祉・教育の分野で利

表4-1　ADLとIADLの評価項目（Mahoney & Barthel, 1965；Lawton & Brody, 1969をもとに作成）

ADL	IADL
1　食事	A　電話の使用
2　車いすとベッド間の移乗	B　買い物
3　洗面や整容の動作	C　食事準備
4　トイレでの一連動作	D　家事
5　入浴	E　洗濯
6　段差のない場所での移動	F　交通・手段
7　階段昇降	G　服薬管理
8　更衣	H　財産管理
9　排便のコントロール	
10　排尿のコントロール	

用されるこれら指標は，障害のある人というよりは，誰もが生活し，歳を取る中で必ず関わるものです。役に立つかどうかというよりはむしろ，私たちが生活する上で意識せずに利用しているものの多くに心理学が関係しているといえます。

「障害のある人の支援」について考える際には，そもそも障害とは何か，何をどのように支援すれば良いのかを考えなくてはなりません。心理学は，人間の行動や能力を測り，客観的に評価するための学問です。そのため，障害のある人の支援について考える際に，心理学はとても重要な考え方と知識を私たちに提供してくれます。以下に，障害のある人の支援を考える際に役立つ心理学の観点を紹介します。

*　　　*　　　*

1. 基礎固め

　障害のある人への支援について考える前に，まず障害とは何か，について整理する。障害の定義について，国際的な基準が示されたのは 1980 年のことである。世界保健機構（World Health Organization: WHO）は 1980 年に国際障害分類（International Classification of Impairments, Disabilities, and Handicaps: ICIDH）を発表した（図 4-1）。この分類定義では，障害を機能・形態障害（Impairment），能力障害（Disability），社会的不利（Handicap）の 3 段階に分けた。この分類により，障害をそれぞれ生物学的レベル，個人レベル，社会レベルで評価することができるようになった。そして，生物学的レベルにおいては医療的ケア，個人レベルにおいては療育的ケア，社会レベルにおいては福祉的ケアがそれぞれのターゲットとなった。ICIDH により障害支援政策は前進した。

　しかしながら，この分類に対する反対意見も出た。ICIDH は機能・形態障害から能力障害，そして社会的不利に至る一方向の因果関係を想定し，障害を整理している。すなわちこれは，個人に生じている社会的不利が，もとをたど

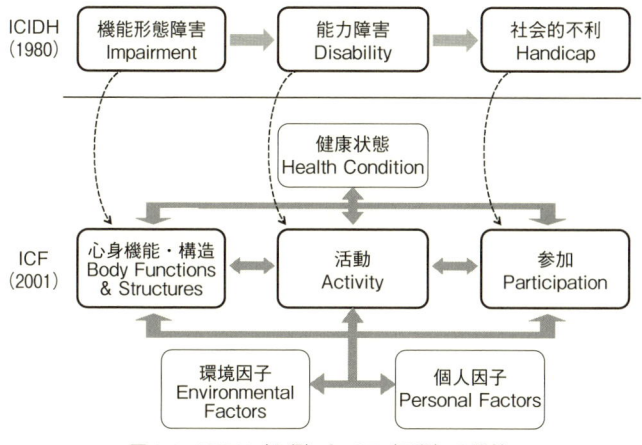

図4-1 ICIDH（上段）とICF（下段）の比較

ればその人の機能・形態障害に起因するということを意味する。このことは障害のある個人に対するネガティブな評価を導くのではないかという批判を生んだ。また，個人に起因するという考え方が現実の社会で生じていることを上手く説明できないという批判も出た。例えば同じ機能・形態障害においても，職業や状況などその人の置かれた環境によって社会的不利に繋がったり繋がらなかったりすることがある。また，明らかな機能・形態障害がなくとも社会的不利な状況に身を置く人もいる。ICIDHではこのような状況を説明することが困難である。

　そこでWHOは2001年にICIDHに代わる国際生活機能分類（International Classification of Functioning, Disability and Health: ICF）を発表した。ICFではICIDHと異なり，生物学的レベル，個人レベル，社会レベルの一方的な因果関係を想定せず，互いに影響しあう関係を想定した。また，さらにそれらが個人と環境との相互作用による影響を受けると規定した。そしてこれらがまた，個人の健康状態とも関係するとした。このICFの考え方は障害のある人への支援を考える際に心理学が貢献できる境域を多様化した。

　個人と環境の相互作用によって，障害という個人を取り巻く状態が変化するならば，個人と環境の相互作用の観点を重視した心理アセスメントが重要になる。これまで，心理学は障害に関する様々なアセスメントツールを提供してき

た。例えば人間の認知能力に関するアセスメントツール。認知心理学において，人間は外界から情報を取り入れそれを脳内で処理し，行動に反映させていると考えられている。例えば，赤い林檎を見る場合のことを考える。まず，光が網膜を経由して信号として脳に送られる。そこで，過去の記憶と照合され，それが林檎であると認識されるわけである。このとき，視覚から得られる情報が不足していると，林檎かトマトかはっきりと判断できなかったり，記憶からの情報を上手く利用できないと，林檎を見てもそれが何だったか思い出せなかったりすることになる。認知心理学という学問領域は，このような人間の情報処理過程（頭の中で何が行われているのか）についてたくさんの知見を集積している。このような知見の集積によって，ある人がある物を見て，それが何か分からなかったり，思い出せなかったり，上手く言葉にできなかったり，何をすればいいか解らなかったり，しようと思った通りにできなかったりするときに，その人の頭の中で何が起きているのか，査定することができるようになる。心理学の学問領域では，このようなアセスメントのテクニックを，一連のテストの組合せ（テストバッテリー）として標準化している。テストバッテリーには，知能検査のような人間の知能を複数の側面から評価するためのものから，手先の器用さや身体運動能力を評価するためのもの，また，職業適性や作業能力を評価するものなど，基礎的なものから応用的なものまで様々なものが存在する。

　このようなテストバッテリーだけではなく，心理学の学問領域では，実際の人間の行動を観察する中で，人間の行動を分析するための方法論についても多くの知見を集積している。例えば（認知的）課題分析という方法がある。これは人間が何かの作業に取り組んでいる際に，課題を遂行するためには，人間にどのような能力が求められるのか，を分析・整理するための方法である。このような観点で課題を整理すると，何か上手くいかないときに，どうして上手くいかないのか明らかにすることができる。また，その理由が明らかになれば，人間に合わせて課題や環境を変更することができる。例えば表4-2に「卵をつかむ」という行為に対する分析の例を挙げる。極端な例ではあるが，仮に卵をつかもうとしても手の位置がずれて上手くつかめない人や，つかんでも卵を握りつぶしてしまう人がいるとする。単純な「卵をつかむ」という行動の背景

表 4-2 「卵をつかむ」行為の認知的課題分析の例

外部から見た行動レベル	感覚・知覚・認知レベル
卵を見る	対象が網膜に結像
	光の明暗や色に応じて視細胞が反応
	視神経を経由して信号が脳に伝達
	対象の輪郭や大きさ，色などを知覚
	知覚された情報と記憶を照合
	照合結果を基に対象を判断
	目的（つかむ）を踏まえて行為を計画
	行為に必要な情報を基に運動を計算
手を伸ばしてつかみにいく	運動を実行
卵をつかむ	感覚器の情報を基に運動を調整

で，人間は多くのことを遂行している。そしてそれらには段階があり，それぞれの段階によって，上手くいかなかった際に生じる問題が違う。逆に考えると，段階が整理できていれば，つかむ行為の結果（位置がずれる／握りつぶしてしまう）から，どの段階の認知的な情報処理に問題があったのか，推測できるようになる。視覚的な情報が上手く処理できていなかったのか，運動の調整が上手くできていなかったのか，などが分かる。このような方法論は，特に障害のある人の学習支援や作業支援に役立つ。学校の先生や障害のある人と一緒に働く人にとって，このような知識を学ぶことは重要である。

　このように，心理学は個人の能力を査定するためのツールを提供してきた。しかし心理学は査定の場面だけではなく，具体的な支援の場面においても重要な役割を果たしている。特に障害支援の分野においては，人間を環境にあわせるよりも環境を人間にあわせることが重視される。なぜならば，機能・形態障害は現段階において治療の技術が無いために障害となっており，このような場合に，人間側を環境側にあわせることには限界があるためである。それならばむしろ，環境側をどのように人間側にあわせるかを検討する方が合理的である。環境を変化させることで人間側の困難を低減し，工学的に人間の能力を拡張する学問分野として，人間支援工学がある。人間支援工学において，重要な1つのキーワードが支援技術（Assistive Technology）である。一番身近な例を挙げると，メガネがある。視力が低下したとき，多くの人はトレーニングで視力を回復することよりもむしろ，メガネやコンタクトレンズで視力を矯正し

ようとする．技術によって人間の能力を拡張し，活動を支援するわけである．

障害のある人にとってこのような技術は特に重要になる．例えば筋ジストロフィーや筋萎縮性側索硬化症（Amyotrophic Lateral Sclerosis: ALS）という病気では，症状が進行するにつれ身体を自分の意思で動かすことができなくなってしまう．しかし，支援技術を利用すれば，まぶたの開閉や口角の上げ下げなど，身体に1箇所でも任意に動かせる場所があれば，PCを操作することができるのである．自らの意思でPCを操作できれば，文章を綴って自分の意思を他人に伝えたり，さらには社会活動に参加したりすることもできる．これは何も特別な事例ではない．多かれ少なかれ，私たちの生活はテクノロジーの支援なくして成立しないのが現状である．私たちは，友人の携帯電話の番号を記憶していなくとも，友人に電話を掛けることができる．それは，携帯電話のアドレス帳に友人の電話番号が登録されているからである．これはつまり，人間の記憶の機能をテクノロジーが代替しているということになる．

このように人間はテクノロジーによる能力と自分の能力をハイブリッドさせて生活している．障害のある人への支援においては，歩くことに障害のある人が電動車いすを用いたり，読み書き障害のある人がPCの音声読み上げとテキスト入力の機能を使って読み書きを代替したりしている．障害のある人だけが技術を使うのではない．誰もが自分の能力を拡張するために技術を利用している．このような生活は今後ますます広がると予想される．そして今，心理学は新たな展開を迎えている．従来は，人間そのものの能力を査定していた心理学であるが，今後は技術と人間が融合した状態の能力やパフォーマンスの査定についてもその研究対象にする必要が増すだろう．これは前述のICFの観点から換言すると，人間と環境の相互作用そのものをどう評価するのかを研究対象にする，ということになる．2014年7月，ドイツ陸上選手権の走り幅跳びで優勝した選手が，国際試合の推薦選手として選ばれないということがあった．その理由は，その選手の片足が義足であり，義足がその選手の跳躍能力を生身の筋肉以上に高めている可能性があるため，ということであった．しかしながら，義足をつけた選手が全て，その優勝した選手のように跳躍できるわけではない．義足を装着していたとはいえ，跳躍したのは本人である．この場合の評価はどのようになされるべきであろうか．この場合の競技ルールの平等性とは

どう考えれば良いのだろうか。心理学は，人間の行動や能力を測り，客観的に評価するための学問である。このような場合に，何をどのように測れば良いのか，倫理学，社会学，医学，工学，その他の周辺領域の知見とあわせながら，心理学が研究すべきことはまだまだたくさんある。

2. Q&A

❶「障害」とは何か？―定義の問題―

　そもそも「障害」とは何なのだろうか。その回答の一部が，前述した WHO の定義にある。障害について考えるとき，なぜ WHO が ICIDH から ICF へと障害の分類を変更したのか，ということについて考えることが役に立つ。ICF の分類では，障害は個人と環境の要因の相互作用によって生じる。これは，障害が個人の特性のみで決まるものではないということを意味する。

　私たちは文字媒体において障害に関する様々な表記を目にする。障害，障碍，障がい，あるいは別の言葉による表現。なぜ同じことを表現するのに，様々な表記があるのだろうか。この背景には，「害」という字の存在がある。大辞林によると，害とは「ものごとのさまたげとなるような悪いこと」とされ，ネガティブな意味を持つ。障害という表記において，害という文字を使うということは，そのようなネガティブなイメージを個人に押しつけてしまうので，良くないというのが「害」という字を使わない，使うべきではないと考える背景にある。この考え方の背景には障害がもとをたどれば個人に帰するという前提がある様に思われる。これは ICIDH の考え方と類似している。しかしながら，個人と環境の要因の相互作用を重視する ICF の考え方では，障害は個人に帰するというより，個人が社会に参加する際に妨げになる壁のようなものという考えの方が近い。このように障害を個人の社会参加を妨げる壁だと考えることが，重要だと筆者は考える。障害を個人に帰するものだと考えれば，その先にある選択肢は，個人をどうするかというものになってしまう。しかし，壁だと考えるのであれば別の選択肢が出てくる。個人を治療する訓練するというだけではなく，壁を壊す（社会のルールを変える），壁を乗り越えさせてもらう（他人の力を借りる），壁を迂回する（代替手段を用いる），壁と対峙

しない（価値観を変える），などと別の手段が見えてくる。このそれぞれの選択肢において，心理学的研究が必要になる場面はまだまだたくさんある。

障害とは何か，という問いかけに対し，社会学者の星加は「不利益の集中」だと述べている（星加, 2007）。例えば，普段は視力に問題のない生活を送っている人が，花粉症で涙が止まらなくなり，物が見えにくくなったとしよう。このとき，その人は目が見えないことによる多くの困難を経験することになる。しかしながら，このことでもって視力の低い視覚障害者と同じ困難だといえるだろうか。一時的な視力としては同じかも知れない。しかし，視覚に障害のある人は一時的ではなく，常に長年にわたって見ることができないという経験をもつ。そしてそのことによって多くの不利益を受けることが予想される。視力が低いということが問題なのではない。視力が低いことによって，自身の求める社会参加ができず不利益が生じること，その不利益がその個人に集中するということが問題になる。この考え方をふまえると，障害のある人を支援するということは，個人に不利益が集中しないようにする方法を提供するということになる。

❷「障害」は治すべきなのか？―支援の考え方の問題―

障害を治すべきかどうか，ということは前述の「障害とは何か」ということと関連する。障害を機能・形態障害として考えた場合，それは治療の対象になるのかも知れないが，一般的に言えば，現段階の医療技術で治療することが困難なために「障害」と呼ばれるのである。近年のiPS細胞研究の進展や他の医学的研究の進展によって，現在は機能・形態障害として治療できないと考えられているものが，治癒できるようになる可能性はある。歴史をふり返ると，昔は治療できなかった病気でも現在であれば治療できるものは多い。

しかしながら，障害のある人への支援について考えたとき，いつになるか分からない医療技術の発展に期待するよりは，今困っていることをどうするのか，の方が課題として優先される。「治す」というよりは，今本人が困っていることや受けている不利益をどのように軽減するか，の方が重要である。

さらに，治すべきだと考えているのは本人ではなく周りの人間だけの場合もある。例えば，聴覚障害のある人の中には，必ずしも音が聞こえる必要はな

く，音声言語を使わずとも手話で会話できれば問題はないと考える人もいる（中野，2012）。手話という言語を用いたコミュニケーションを取るマイノリティーだと考えれば，聴覚障害のない周囲こそが，手話を覚えれば良いのではないかという考えもある。結局この背景には，障害が個人と環境の相互作用によって生じるという考え方がある。音を利用することができなくとも，別の手段でコミュニケーションが取れるのであれば，そこでは困らない。

　このようなことを考えると，治すべきかどうかという議論は，直接的に支援と結びつくものではない。障害のある人の支援においては，その人が何に困っているのか，不利益を受けているのかをアセスメントし，その問題を解決することが大切だろう。

❸ どこまでが「障害」のせいなのか？─線引きの問題─

　実際に学校や就業支援機関などの障害のある人の支援に関する現場で研究をしていると，その機関の人たちからよく受ける質問がある。それは対象者が何かに取り組んでそれが上手くいかなかったり，そもそも取り組もうとしなかったりした場合に「障害のせいでこうなっているのか，それともただの努力不足なのか，教えて欲しい」というものである。これはその人の認知特性や必要な支援のアセスメントにおいて，避けることのできない問題である。実際に筆者が経験した事例では「これは障害のせいじゃない，ただの甘えだ。鍛え方が足りないんだ」といって対象者に必要以上に厳しく接する人もいれば，「これはきっと障害のせいだからしょうがないですよね……。こちらがカバーしてあげないといけませんね」といって対象者と自身の二人分近い仕事を抱え込んで体調を崩してしまう人もいた。このような事例は多くあるのではないかと思う。そして，この両極端な2つの対応は，どちらの事例においても適切とは言えない。また，当事者や周囲の人，全ての人にとって何のメリットもない。

　このとき，どのように障害特性と支援の内容をアセスメントするのか，が心理学の役割である。しかしながら，ある特定のテストバッテリーを使って対象者の認知機能検査をしたとしても，上記の線引き問題は解決しない。「これは障害のせいなのか，努力不足や性格のせいなのか」という問いかけ自体を変える方が良い。なぜならば，現実的にその線引きをすることはできないためであ

る。課題解決の場面では，一般的には上手くいかない原因を特定し，その原因を取り除くことが求められる。しかし，その原因が特定できないこともある。また，特定できたとしてもそれの原因が機能・形態障害だった場合には，どうしようもないこともある。まず，「これは障害のせいなのか，努力不足や性格のせいなのか」と問いかける人はいったい何を求めているのだろうか。例えばそれが「障害のせいだ」ということになったとしよう。それで課題が解決するかというと，そんなことはない。必要なことは，なぜそれが上手くいかないかということよりむしろ，どうすれば上手くいくか，を考えることである。

❹ どのように「障害」を支援するのか？―アプローチの問題―

どうすれば上手くいくか，について考える場合に重要な観点は，人間側の特性と，環境側の特性と，その相互作用について考えることである。これはICFの考え方に繋がる。このとき，人間側の特性を測る際に前述のテストバッテリーは役に立つ。また，様々な検査手続きも有効である。しかし重要なことは，そこで測られた特性が環境（学校や職場や家庭）の中でどのように作用しているのかを明らかにすることである。例えば認知機能検査の結果，ある人の記憶の機能に問題があると分かったとしよう。これだけでは不十分で，これをふまえて，その人が何で困っているのか，周囲が何をその人の課題だと考えているのか，すりあわせをする必要がある。例えば，伝えた指示通りに作業できなかったり，その指示内容のメモが取れなかったりするとしよう。周囲は，どうして何度伝えても指示通りにできないのか，できないのならどうしてせめてその内容のメモを取らないのかなどと感じている。そして前述のように「これは障害のせいなのか，努力不足や性格のせいなのか」と考えるわけである。そこで先の検査結果で，一時的に記憶できる情報量が一般的な人よりも著しく少ないことが分かったとしよう。ここで初めて指示通りに作業できなかったりメモが取れなかったりした理由を検討が可能になる。これは実際にあった事例であるが，その人は長い指示を聞いても，話の最初の部分を忘れてしまい，メモを取ろうとしても話を聞きながらメモを取る作業をすると情報が整理できなくなるために，結果として指示通りに作業できずメモも取れなかったのである。これが明らかになったとき，周囲は「じゃあ早くそう言ってくれればよかった

のに。言わなかったのは本人の努力不足じゃないか」という反応をした。こう考える気持ちは分からなくはないが，これでは課題は解決しない。ここで検討すべきは，どうすればその人の記憶すべき情報量を減らすことができるのか，ということである。人間側を変えるよりも，環境側（作業環境や手順）を変更する方が合理的だし，効果もある。

　結局，その事例では，口頭で作業内容を伝えずに，手順を書いたメモを本人に渡すことになった。また，そのメモの内容は，できるだけシンプルに区分けして文章を減らし，一見して分かりやすいものになるものにした。これによって本人が分かりやすくなり，ミスが減ると共に，他の人がその作業に従事する際に，そのメモを渡すことで他の人にも作業内容の説明が容易になり，周囲の負荷が減った。このように「障害のせいなのか否か」という問いかけは，課題解決に繋がらないだけでなく，不要な軋轢を増やしてしまう。他方，何がその人にとっての上手くいかない「障害」になっているのか，背景と対象方法を考えることの方が，有効である。障害のある人への支援に心理学は役に立つのか，という問いかけよりもむしろ，障害のある人への支援に役立てるために，どのように心理学の知識を活用すればよいか，という問いかけの方が建設的である。

❺ 何をどこまで支援する必要があるのか？─評価の問題─

　前述のアプローチの問題とも関係するが，支援に関しては何を（どの部分を）支援するのかということと，それらに対してどの程度まで支援するのかということについて考える必要がある。そしてこのことが今，学校や職場で大きな課題になっている。その課題にとって重要な概念が「合理的配慮」である。これは，「障害者の権利に関する条約（通称：障害者権利条約）」によって明示された概念である。

　日本は2014年の1月に障害者権利条約を批准した。この条約は，障害のある人の人権および基本的自由の享有を確保し，個人の尊厳の尊重を目的としている。そこでは改めて障害に基づくあらゆる差別の禁止や，社会への完全かつ効果的な参加の促進が謳われている。国際連合がこの条約を発表したのが2006年のことであり，日本は批准までに長い時間を要した。その背景の一つ

に，法整備の困難があった。条約は法律に優先するため，条約を批准するためには，条約と齟齬のない法整備が必要であった。そのため，日本では2011年に障害者基本法が改正され，2013年には障害者差別禁止法が制定された。これら法律の中で，障害の有無にかかわらず平等に教育や生涯学習，そして就労を含む社会参加の機会が得られることを確保するため，合理的配慮が障害のある人に提供されることが規定された。

この合理的配慮とは，障害のある人が上記の機会を得られるようにするために，学校や職場などが必要かつ適当な変更・調整を行うこと，である。このとき，配慮の内容はその人の特性や状況に応じて，配慮する側に過度の負担がない範囲で，合議によって決められる。これが本節冒頭の「何をどこまで支援する必要があるのか」の問題に繋がる。

合理的配慮は配慮を求める側と提供する側との合議によって決められるべきものであるが，このときに合議が上手くいかないことが多い。主な理由は3つある。まず，配慮を求める側と提供する側との主張がぶつかることがあること。次に，経験と知識不足によって，配慮を求める側が何を求めれば良いのか，配慮をする側が何をどうすれば良いのか，分かっていないことが多いこと。最後に，何をすべきで何をすべきでないか，適切に評価・判断することが難しいこと，である。

例えば，私が行った学校での実践研究で見られた事例で上記の課題を考えてみる。筆者は普通科の高校で教員や生徒の相談を受けることがある。普通科の中にも，障害のある生徒もいるし，障害者手帳を持たないものの通常の受講方法では授業についていくことが困難な生徒もいる。そういう生徒に対して，教員は何とかしてあげたいと思うものの，どうすればいいか分からない。こういう学校は多いと思われる。そこで，筆者と学校は協力して，障害者手帳の有無にかかわらず，授業方法を工夫することで様々な認知的な困難をかかえる生徒でも授業内容が理解しやすくなるような仕組み作りに取り組んできた。そこで問題が起こった。

その問題の1つは，進級の判定についてである。進級の判定に障害の有無をどのように考慮するか，という配慮について話題になった。しかしながら，特に学校における合理的配慮とは，障害の有無にかかわらず平等に教育を受ける

権利を保障するための配慮である。そして，本来進級は教育を受けた本人のパフォーマンスの結果の評価で決まるものである。重要な事はその評価の前に，どれだけ障害による不利益なく教育を受けられたかであり，その点がクリアできているのであれば，評価は他の生徒と同じでもいいのではないかという議論になった。

そしてもう1つ起こった問題は，いつまで支援をするのかということであった。配慮を受けていたある生徒が無事に進級できたので，来年度の配慮は必要ないのではないかという意見が教員の中から出た。確かに，配慮の内容について卒業まで見直しをせずにいることは問題があるだろう。それは，本人の成長と共に，必要な配慮の内容が変わるためである。しかしながら，配慮を突然やめる，というのは適切ではない。そこには筋の通った合理性が必要である。

このように，何をどの程度支援するか，というのは一義的に決まるものではない。これまでに述べたような，様々な観点をふまえて，何を重視しながら考え，判断していくのかということが重要になる。このために，前述のような定義や，考え方や，アプローチの知識が必要になる。

3. 将来に向けて

筆者が研究する際にいつも心がけていることは，実際の支援の現場にまず身を置いてみることである。例えば筆者は障害者雇用場面における障害のある人の支援や，雇用する側の支援の研究をしている。このようなテーマに関する多くの研究は，当事者や雇用者のいずれかの立場にたったものである。もちろんこれらは意義のある研究であるが，実際の支援の現場に身を置くと，本当に難しいのは当事者側と雇用者側の立場に基づいたそれぞれの主張のコンフリクトであることに気がつく。このような背景のもとで改めて自分の想定していた支援案を考えると，それが単なる理想論であったことに気がつくことがある。だから筆者は，支援について研究する際には，実際の場面で生じるコンフリクトをどのように解消するかという視点で，その解決策を出すためのデータを得ることを意識している。

筆者は心理学の研究手法を用いて，職業リハビリテーション分野での研究を

行っている。職業リハビリテーションは，主として障害のある人の就労支援を行う分野である。障害のある人の就労形態の1つとして，障害者雇用というものがある。障害のある人の就労を促進するために，国が企業に対して実施している政策で，企業は従業員のうち一定の比率で障害のある人を雇用しなければならないというものである。その就労形態では，障害のある人は企業からの配慮を受けながら働くことができる。障害者雇用においては週に30時間以上の労働ということが法律によって定められている。そして，障害者雇用における「短時間雇用」というのは週に20時間以上30時間未満の労働条件を意味する。つまり，週に20時間以上働くことができなければ，企業で就労することができない。しかしながら，障害のある人の中には週に20時間働くことは困難なものの，週に数回，数時間程度であれば働くことができる人もいる。週に数回数時間の仕事では生活することができないと批判する人もいるが，では現在働くことができていない人は日中何をしているのだろうか。なにも生涯にわたって週に数回数時間の仕事をすべきだ，と言いたいわけではない。働くことのハードルを下げるべきだと言いたいのだ。現在はそのような一般就労が困難な人のために，福祉的就労という仕組みがある。福祉的就労では，重度の機能・形態障害があっても参加できるような軽作業や活動を中心に行うことが多い。福祉的「就労」というものの，就労というよりは訓練という位置づけであり，作業量も一般就労に比べて少ないため，非常に低額の工賃しか得られない。このように一般就労と福祉的就労の間には大きな差がある。もう少し一般就労のハードルが下がらないと，この差はなかなか埋まらない。

　一般就労のハードルが下がることは，障害のある人にとって単純に就労できるか否かということ以上の機会を提供することになるように思われる。実際に筆者が行っている研究では，障害のある人に週20時間に満たない短い時間アルバイトしてもらっている。数ヶ月から数年続けると，作業スキルが向上し，働くことのできる時間も伸びてくる人がいる。障害のある人の中には，アルバイト経験の無いままに就労という壁にぶつかっている人が多い。アルバイトしようにも，採用してもらえない場合が多いためである。結果，経験不足の状態で就労に臨むことになる。このような背景もあり，障害のある人の中には自分が何に向いているのか，何が苦手なのか，苦手なことに対してどういう対策を

すればいいのか，ということを知らないまま就職にのぞみ，結果としてうまくいかないことが多い。このような背景をふまえると，週に数時間だけのアルバイトにも意味はある。そのアルバイトの中で，その人がどのような認知特性を有しているのか，作業として何が得意で何が苦手なのか，苦手に対してどのような代替手段が有効か，といったことを整理すれば，さらに有益であり，これはまさに心理学の対応可能な領域なのである。

　実際に自分が雇う側の立場になることで，雇用者側の課題も分かる。一般的に支援者側の人たちは企業に対して，もっとハードルを下げて雇うべきだ，という主張をする人が多い。しかし，企業には企業側の理由がある。支援者の多くは自ら障害のある人を雇ったことがないため，企業が障害者雇用をためらう理由が分からない。実際にアルバイトとして障害のある人に来てもらうと，想像よりも作業の切り出し，工程管理，品質管理が難しく，時間的人的なコストが大きいことが分かる。しかしこれは，雇う側がのスキルアップで対応できる課題でもある。このとき，何をどのようにすれば雇う側のスキルが上がるのか，評価するための研究を行っているところである。

　その他に，前節で紹介したように，私は障害のある児童・生徒・学生の学習支援についても研究を行っている。就労支援と学習支援は実は似ている。大切なことは，障害のある人が通常の手段で課題遂行が困難な場合に，なぜそれが困難なのかを明らかにし，どのように環境を人にあわせて変化させ，手段を変えることでその困難を解消できるか考えるということである。このようなことは精緻な実験をしなくとも，心理アセスメントの視点があれば，これまでのテスト結果や普段の様子の聞き取りだけである程度の対応が可能である (e.g., 岡, 2012)。なぜその課題が困難なのかが分かれば，それら困難に対して工学的な解決手段を提案することもできる。文字が書けないのなら，文字を入力すればいいのではないか。印刷された文字が読めないのであれば，音声読み上げで文字を聞けばいいのではないか。このような支援技術は，最近は携帯情報端末の中に基本機能として入っている。このような携帯情報端末の機能やアプリケーションで，障害のある人の困難を低減するという研究も筆者は行っている (岡, 2013)。

　「役立つ」研究を目指すならば，実際にあなたが役立たせたい，役に立ちた

いと思う現場に一時でも良いので身を置いてみることである。筆者はどのような研究が役に立つかということにおいて，それが基礎研究であるか応用研究であるか，分けて考えることは無意味だと感じている。応用分野の研究をする際には，必ずといっていいほど基礎研究が参考にされるし，優れた基礎研究の多くは，応用現場での問題をどのように解決するかという背景に端を発していることが多いと感じるためである。役の立ち方が違うだけである。ただ私の経験から言えることは，基礎研究と応用研究の両方の知識や研究方法論に精通しておいた方が良いということである。また，学問分野にこだわらないことも大切だろう。筆者の研究方法論のバックグラウンドは認知心理学であるが，実際に障害のある人への支援に関わる際には，工学，社会福祉学，教育学，経済学の知識が不可欠である。これらは一見すると全く別の学問であるが，障害のある人への支援について考える際に，いずれも必要になる。「役に立つ」ことを目指すならば，学問分野を限っていては仕事ができない。実際の支援に関する研究では，筆者は心理学の観点から研究するというよりはむしろ，他の分野に心理学の方法論を持ち込むといった感覚で研究をしている。

> **自己紹介**
>
> 筆者は大学生の頃，障害のある子どもの夏休みボランティアに偶然に参加していた。そのことがきっかけで，障害のある人の支援に関する研究を始めることになった。大学院生の頃は自分の専門とする心理学の知識を活かして，何かできないかと作業所に通っていた。作業所とは，分かりやすくいうと一般就業が難しい人が仕事をする場所で，現在は就労支援事業所などと呼ばれている。そこで比較的知的障害の程度の重い人たちと一緒に，箱を組み立てたりタオルを折りたたんだりするような軽作業をしていた。そして，上手く作業ができない人たちの特徴をアセスメントし，どうすればもっと上手く作業できるようになるかを認知心理学の観点から研究していた。そのときの研究の一部には，知的障害のある人に共通する難しい課題の特徴と有効な支援を整理した研究（岡・三浦，2005）や，知的障害のある人が 2 つの課題を同時に遂行することがなぜ困難なのかを検討した研究（Oka & Miura, 2008）などがある。このような研究をする中で，別の研究者からある指摘を受けたことで，研究の方向性を変えることになった。その指摘とは「君の研究は，普段いろいろ苦労している人に，もっと頑張れといっているような研究に見える。もっと簡単に，パッと困難が解消するような研究をした方がいいのではないか？」というものだった。それがきっかけで，私は障害支援技術の利用に関することに研究テーマを変え

> た。できないことを訓練するよりも，別の手段で目的を達成すればいいではないか。何がその人にとっての生活の障害になっているのかをアセスメントし，その障害の解消にどのような技術がどのように有効なのか評価する。ここでも認知心理学の知識と測定技法が必要になる。

●引用文献●●●

星加良司（2007）．障害とは何か—ディスアビリティの社会理論に向けて　生活書院

Lawton, M. P. & Brody, E. M. (1969). Assessment of older people: Self-maintaining and instrumental activities of daily living. *Gerontologist*, 9 (3), 179-186.

Mahoney, F. I. & Barthel, D. (1965). Functional evaluation: The Barthel Index. *Maryland State Medical Journal*, 14, 61-65.

中野聡子（2012）．聴覚障害者のアイデンティティ・トラブル—テクノロジーの利用によって生じるコンフリクト　中邑賢龍・福島　智（編）　バリアフリー・コンフリクト—争われる身体と共生のゆくえ（p.197-211）　東京大学出版会

岡　耕平・三浦利章（2005）．簡便で汎用性のある知的障害者の作業支援法　信学技法，105 (186), 57-60.

岡　耕平（2012）．コミュニケーションが困難な発達障害のある学生の学習支援—テクノロジーの利用と環境調整による支援効果の事例的検討　ヒューマンインタフェース学会研究報告集, 14 (3), 167-172.

岡　耕平（2013）．障害支援技術としての携帯情報端末アプリの分類の試み—発達障害のある人への支援を中心として　ヒューマンインタフェース学会研究報告集, 15 (3), 135-140.

Oka, K. & Miura, T. (2008). Allocation of attention and effect of practice on persons with and without mental retardation. *Research in Developmental Disabilities*, 29, 165-175.

Q5 心理学は，視覚障害者の助けになりますか？

　心理学は，以下の3つの側面から視覚障害にアプローチすることができます。
(1) 症状の理解
　視覚障害の症状は主観的なので，障害者がどのように世界を見ているのかを直接知ることはできません。どのように見えているかを質問しても，知覚内容を言葉で説明することは難しいでしょう。視覚障害者の知覚を理解するにあたっては心理学実験が有効です。
(2) メカニズムの解明
　白内障（眼球内の水晶体が濁る疾患）のように器質的な障害であれば症状が生じるメカニズムは比較的分かりやすいのですが，斜視弱視などの発達的視覚障害の原因は脳で行われる視覚情報処理にあります。どのような処理に問題があるのかを明らかにするには，心理学実験に基づいた検討が必要です。
(3) 援助法の開発
　多くの場合，眼科医による外科手術が根本的な治療には必要です。白内障の場合は水晶体を人工のレンズに取り換える手術が行われますし，斜視の場合には筋肉の位置を調整する手術を行ったりします。しかし，手術だけでは不十分な場合もあります。例えば，斜視を治すだけでは弱視は回復せず，これまで使われてこなかった弱視眼を訓練しなくてはなりません。訓練効果に関する心理学実験の実施なくして，有効な訓練法を開発することはできないでしょう。また，治癒が望めない疾患については，症状と共存して生活していける環境作りが重要となってきます。そうした施策の立案と評価にあたっては心理学の知見と手法が役に立ちます。
　援助法の開発は，一足飛びに達成できるものではありません。何の見込みも

持たずに思いついたことを試していたのでは，有効な援助法を見出すことは難しいでしょう。ここで，先に述べた2つの側面との連携が重要となります。視覚障害者の知覚を理解しなくては彼らが何を必要とするかは分かりませんし，症状のメカニズムに関する理論がなくては訓練すべき視覚機能を絞りこめません。つまり，症状やメカニズムに関する基礎研究が，援助法開発という応用研究には必要なのです。

＊　　＊　　＊

1. 基礎固め

　様々な視覚障害が心理学者の研究対象となっているが，本章ではロービジョンと弱視，色覚異常に焦点を当てる。これらは失明に比べれば軽度の障害といえる。しかし，罹患する人の数が多い上，生活に多くの困難を伴うことから心理学が大きく貢献できる研究分野である。

(1) ロービジョン

　ロービジョンという分類は極めて曖昧で，原因となる疾患も多種多様であるので，その基準は定まっていない。多くの場合，眼鏡などで光学的に矯正しても視力が低い状態のことをロービジョンと呼んでいる。世界保健機構のウェブサイトによれば，矯正視力が 0.05 (3/60) よりも高く 0.3 (6/18) 未満の状態がロービジョンと定義されている。ロービジョン者は全世界で 6100 万人にのぼると言われている (Arditi, 2006)。

　一方，読字や顔認識，移動といった普段の生活で必要な行為にロービジョンが与える影響を推し量るには視力という指標は適切ではないとレグら (Legge et al., 1985) は指摘した。彼らの論文では，ロービジョンは通常の視距離 (40 cm) で新聞の文字を読めないことと定義されている。小田 (2007) によれば，ロービジョンの状態は，①視力の低下，②知覚される輝度コントラスト (明るさの差) の低下，③周辺視野の欠損，④中心視野の欠損，⑤照明への不適応

（まぶしさと夜盲）の5つに大きく分類できるという。こうした複数の症状が組み合わさり，日常生活に支障をきたしている状態がロービジョンであることは間違いない。

それぞれの症状が日常生活にどの程度影響するかを調べるために多くの心理学実験が行われている。例えば，ルビンとレグ（Rubin & Legge, 1989）は，知覚される輝度コントラストの低下と中心視野欠損とが読字速度に影響することを示した。また，ペリ（Pelli, 1987）は，視野が視角4度を下回るとショッピングモール内を移動することが困難になったと報告した。こうしたロービジョン者の症状を理解するための研究を概観するにあたっては，小田（2007）の総説が参考になる。

誰もがいずれ経験する視覚障害は加齢による視力低下で，広義のロービジョンに含まれる。45歳頃から視力の低下は起こるが，低下の大部分は水晶体が濁ってくるためであり，眼内レンズ挿入術を施せば視力はかなり回復することが示されている（北原, 1999）。ただし，短波長に感度を持つS錐体の感度は加齢に伴い低下し，色覚にも変化が生じていた。また，錐体の感度低下は中心視野よりも周辺視野で大きかった。

視力のみに基づいて視覚障害を評価していては，視覚障害者が日常生活で経験する問題を見過ごすことになるだろう。症状理解のための心理学研究が必要な理由の一つがここにある。

(2) 弱　視

弱視とはロービジョンの一種で，幼児期に正常な視覚経験が得られなかったこと（斜視や不同視など）が原因で起こる発達的視覚障害である。例えば，斜視の場合，左右の眼が同じ位置に向かないので網膜像が一致しない。つまり，左右の眼それぞれに異なる風景が映っているわけで，とても見づらい状況にある。こうした状況を解決するために，斜視患者の視覚は一方の眼の情報のみを処理するように発達したと考えられる（斜視弱視）。左右眼の視力が大きく異なる不同視においても，左右眼の見えが大きく異なるために弱視になる（不同視弱視）。白内障や瞼が開かないことなどが原因で視覚入力が得られないときにも弱視になることがある（遮蔽弱視）。

図 5-1　心理学研究の知見から予測される弱視眼の見え
左）健眼における見え。
右）弱視眼における見え。暗く，ぼんやり，歪んで見えている。

　弱視患者の多くは弱視眼に視力低下などの症状を示し，他方の眼（健眼や固視眼と呼ばれる）における知覚は健常に近い。彼らの知覚は実質的に単眼視となっているため，両眼立体視を行うことはできない（Cooper & Feldman, 1978）。遠視や近視と異なり，眼球の光学的問題によって生じる障害ではないので，眼鏡などを使用して弱視を矯正することは不可能である。弱視の罹患率は 0.5～5% に及ぶと言われている（Webber & Wood, 2005）。
　多くのロービジョンと同じく，弱視も複数の症状を伴うことが心理学研究によって示唆されている。視力低下や両眼立体視の障害だけでなく，弱視眼では低いコントラストが見えず（Hess & Howell, 1977; Levi & Harwerth, 1977），全体的に暗く（Maehara et al., 2011）歪んで見えており（Hess & Holliday, 1992），素早い変化も見えないこと（Spang & Fahle, 2009）が報告されている（図 5-1）。

(3) 色覚異常

　ヒトの色覚は網膜に存在する 3 種類の錐体からの出力に基づいているが，遺伝的な要因でいずれかの錐体が機能しないときに先天色覚異常となる。最も多く見られる色覚異常は赤と緑の区別がつかないというもので，日本人男性では約 5%，日本人女性では 0.2% が該当するという。色覚異常を持つ人がどのように色を知覚しているかは，心理学と生理学の分野で発展してきた色覚情報処

172　2章　日々の生活に役立つ心理学

理理論から推測することができる（Brettel et al., 1997）。

2. Q & A

❶ ロービジョン者の援助に心理学はどう役立つか？

　最近，エスカレーターの手すり（ハンドレール）に四角形マークや広告が貼られるようになったことに気づいているだろうか？　ロービジョン者にとって無地のハンドレールの運動方向を知覚することは難しく，上りと下りを間違えて乗ってしまうことがある。こうした乗り間違いが原因で重大な事故が起こることから，事故を防ぐためにハンドレールにパターンを描くようになったのである。

　こうした事故防止対策の導入にあたっては，前もって心理学実験を行い，抑止効果が見込まれるのかを検討する必要がある。新井ら（2008）は，複数のハンドレールデザインを用意し（図5-2），ハンドレールの運動方向判断がどの程度正しく行えるかについて検討した。この実験には健常者が参加し，視力を

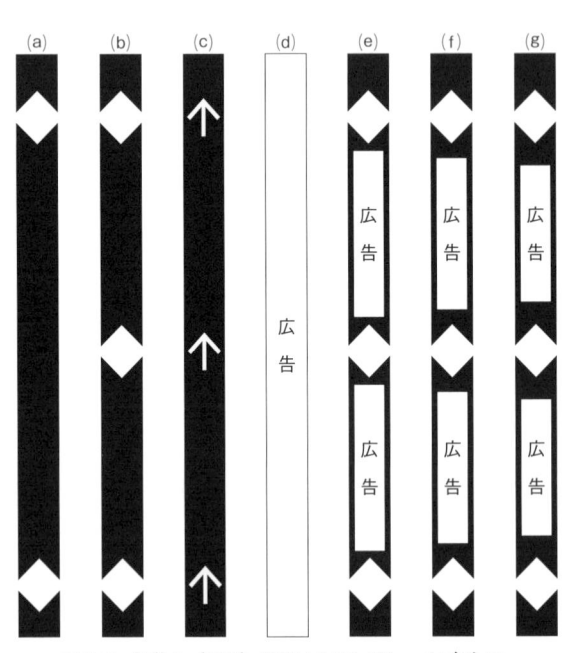

図5-2　新井ら（2008）が用いたハンドレールデザイン

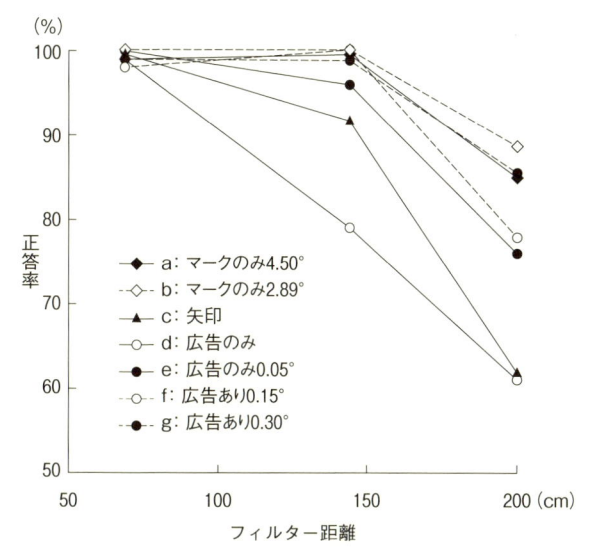

Q5 心理学は，視覚障害者の助けになりますか？　　173

```
(%)
100
 90
 80
正
答 70
率
 60
 50
      50        100       150       200 (cm)
                  フィルター距離

  ◆ a: マークのみ 4.50°
  ◇ b: マークのみ 2.89°
  ▲ c: 矢印
  ○ d: 広告のみ
  ● e: 広告のみ 0.05°
  ○ f: 広告あり 0.15°
  ● g: 広告あり 0.30°
```

図 5-3　運動方向判断の平均正答率（新井ら，2008）
横軸はハンドレール装置からフィルターまでの距離である。

低下させるフィルターを通してハンドレールを観察した。正答率が比較的高かったのは四角形マークがついているデザインで，矢印マークや広告のみでは正答率は低かった（図5-3）。四角形マークと広告を組み合わせた場合，マークのみよりも正答率は下がる傾向があった。このことは，あまり密集していない，ある程度の間隔があるデザインの方が事故防止に効果的であることを示唆している。また，中野・新井（2009）は実際に駅のエスカレーターのハンドレールにマークを貼りつけ，それがロービジョン者の移動の助けになるかを検討する実験を行った。下りエスカレーターの運動方向判断が可能な距離はハンドレールにマークがない条件よりもマークがある条件の方が長く，ハンドレールデザインの有効性が示唆された。

❷ 弱視患者の援助に心理学はどう役立つか？

　より効果的な弱視眼訓練法を開発するには，心理学実験に基づいた研究を行う必要がある。従来から行われている弱視眼訓練法は，健眼をアイパッチで遮

蔽することで弱視眼を使用させるというものである。このアイパッチ法を7歳頃までに実施することができれば，弱視眼の視力向上が見込まれる。しかし，よく見えない眼を使って生活するのは大変で，多くの子供は指示された通りにアイパッチを装着しないとの報告がある。

　弱視のメカニズムについては諸説あるが，主たる要因として眼間抑制の不均衡が挙げられる。初期視覚において，左右の眼からの処理は分離しており，互いに抑制しあっている。健常者の場合，抑制が左右眼間でつりあっているので，両眼とも同程度に機能している。弱視とは，この眼間抑制が不均衡で一方の眼（健眼）が他方の眼（弱視眼）を強く抑制している状態であると考えられている（Sengpiel & Blakemore, 1996; Li et al., 2011）。アイパッチ法は単眼視の訓練であり，眼間抑制不均衡の矯正には適していない。

　ヘスらは，ゲーム（テトリス）をプレイすることで弱視眼を訓練する方法を開発した（To et al., 2011; Hess et al., 2012）。この訓練法の特徴は，ゲームプレイに重要なブロックの一部は弱視眼のみに，またある一部は健眼のみに，残りは両眼に提示される点にある（図5-4）。つまり，両眼を同時に使わなくてはプレイすることができない。この訓練を行った弱視患者10名のうち8名において，弱視眼の視力が向上した。6名の弱視患者は両眼立体視の成績も向上した。実験に参加した患者の年齢は17～51歳（平均33.8歳）で，成人であったにもかかわらず訓練の効果があった。子どもを対象とした実験はまだ行われ

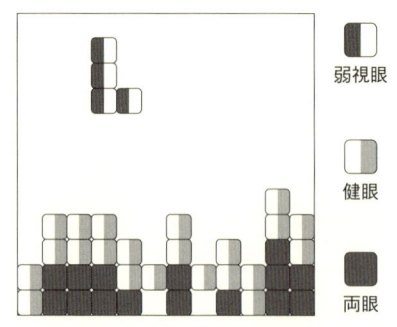

図5-4　テトリスを使用した弱視眼訓練（To et al., 2011）
落ちてくるブロックは弱視眼に，積みあがったブロックの上二段は健眼に，その他は両眼に提示される。

ていないが，ゲームを課題として使用することで，子どもでも長時間にわたって集中して訓練できるのではないかと思われる。

❸ 色覚障害者の援助に心理学はどう役立つか？

これまでの研究で確立された色覚理論を応用することで，色覚障害者がどのように色を見ているかを再現するシミュレータが開発されている。こうしたシミュレータには iPhone などのスマートフォンで動作するものもあり，スマートフォンのカメラを通して見ることで色覚障害者の色知覚を体験することができる。地下鉄路線図やウェブサイトのように様々な色でデザインされた表示は色覚障害者にとって識別が困難なことがある。色覚異常のシミュレータは，様々な表示が色覚障害者にとっても見やすいかを確認するのに役立つだろう。さらには，カメラが捉えた色を異なる色に変換して，色覚異常を持つ人々でも見ることができるように表示するアプリケーションも開発されている（DanKam: Colorblind Fix 等）。

また，色覚障害者にとって色相だけが異なる色を区別することは困難であるが，明度や彩度も一緒に変化する場合は容易に区別できることが知られている。こうした点に着目し，色覚異常があっても問題なく区別できる色の組み合わせが提案されている（表 5-1; Wong, 2011）。

表 5-1 Wong (2011) が提案した色覚異常でも区別できる色の組み合わせ

Color	Color name	RGB(1-255)	CMYK(%)	P	D
	Black	0,0,0	0,0,0,100		
	Orange	230,159,0	0,50,100,0		
	Sky blue	86,180,233	80,0,0,0		
	Bluish green	0,158,115	97,0,75,0		
	Yellow	240,228,66	10,5,90,0		
	Blue	0,114,178	100,50,0,0		
	Vermillion	213,94,0	0,80,100,0		
	Reddish purple	204,121,167	10,70,0,0		

右端のPとDの欄は，赤緑色覚異常を持つときに見える色のシミュレーション結果を示している。P は Protanopia の略で L 錐体を欠損している 1 型，D は Deuteranopia の略で M 錐体を欠損している 2 型をそれぞれ指す。

176 2章　日々の生活に役立つ心理学

3. 将来に向けて

　最初に述べたように，①症状の理解，②メカニズムの解明，③援助法の開発という3つの側面から心理学は視覚障害研究に貢献できる。脳で行われる情報処理に障害がある弱視や一部のロービジョンについては，未だ障害のメカニズムがよく分かっていない。応用研究だけでなく，基礎研究からの積み上げが必要であろう。特に，従来の弱視研究の多くは単眼視で行われており，両眼開眼時の知覚や両眼視訓練については検討すべきことが多く残っている。

　また，日本における高齢者の割合は増え続けており，視機能の老化に関する研究の必要性は今後より高まることが予想される。どのような場面で彼らが困難を感じているのかを調査し，それを解決する方策を考える応用研究が求められる。

自己紹介

　筆者は輝度コントラスト知覚や知覚学習をテーマに研究を行ってきた。当初は健常者のみを対象とした実験を行っていたが，カナダのマギル大学眼科学科でのポスドク研究員としての勤務を機に弱視研究に従事することとなった。

　近視や遠視は眼球における光学的な問題によって生じるが，弱視は脳で行われている処理に問題がある。そのため，弱視の症状やメカニズムを理解するにあたっては心理学研究が必要とされる。弱視は視覚の発達という観点から興味深い現象であるし，心理学の知識や技術を有意義に生かすことのできる研究分野なので，日本に帰国した後も弱視研究を継続して行っている次第である。

●引用文献●●●

新井哲也・中野泰志・小平英治・草野　勉・大島研介 (2008). エスカレーターの運動方向判断を向上させるハンドレールデザイン　日本ロービジョン学会誌, 8, 114-118.

Arditi, A. (2006). Reducing the impact of low vision around the world. 日本眼科紀要, 57, 493-497.

Brettel, H., Viénot, F., & Mollon, J. D. (1997). Computerized simulation of color appearance

for dichromats. *The Journal of the Optical Society of America A*, 14 (10), 2647-2655.
Cooper, J. & Feldman, J. (1978). Random-dot-stereogram performance by strabismic, amblyopic, and ocular-pathology patients in an operant-discrimination task. *American Journal of Optometry and Physiological Optics*, 55 (9), 599-609.
Hess, R. F. & Holliday, I. E. (1992). The spatial localization deficit in amblyopia. *Vision Research*, 32 (7), 1319-1339.
Hess, R. F. & Howell, E. R. (1977). The threshold contrast sensitivity function in strabismic amblyopia: Evidence for a two type classification. *Vision Research*, 17 (9), 1049-1056.
Hess, R. F., Thompson, B., Black, J. M., Maehara, G., Zhang, P., Bobier, W. R., To, L., & Cooperstock, J. (2012). An iPod treatment for amblyopia: An updated binocular approach. *Optometry*, 83 (2), 87-94.
北原健二 (1999). 高齢者の視覚機能 電子情報通信学会誌, 82 (5), 502-505.
Legge, G. E., Rubin, G. S., Pelli, D. G., & Schleske, M. M. (1985). Psychophysics of reading-II Low vision. *Vision Research*, 25 (2), 253-266.
Levi, D. M. & Harwerth, R. S. (1977). Spatio-temporal interactions in anisometropic and strabismic amblyopia. *Investigative Ophthalmology & Visual Science*, 16 (1), 90-95.
Li, J., Thompson, B., Lam, C., Deng, D., Chan, L., Maehara, G., Woo, G., Yu, M., & Hess, R. F. (2011). The role of suppression in amblyopia. *Investigative Ophthalmology & Visual Science*, 52 (7), 4169-4176.
Maehara, G., Thompson, B., Mansouri, B., Farivar, R., & Hess, R. F. (2011). The perceptual consequences of interocular suppression in amblyopia. *Investigative Ophthalmology & Visual Science*, 52 (12), 9011-9017.
中野泰志・新井哲也 (2009). ロービジョン者のエスカレーター事故防止のためのバリアフリー・マークの効果に関する研究—駅に設置された実機を用いたフィールド調査— 日本ロービジョン学会誌, 9, 80-86.
小田浩一 (2007). ロービジョン 大山 正・今井省吾・和氣典二・菊地 正 (編) 新編 感覚・知覚ハンドブック Part 2 (pp.229-236.) 誠信書房
Pelli, D. G. (1987). The visual requirements of mobility. In G. C. Woo (Ed.), *Low vision: Principles and applications* (pp. 134-146). New York: Springer-Verlag.
Rubin, G. S. & Legge, G. E. (1987). Psychophysics of reading. VI-The role of contrast in low vision. *Vision Research*, 29 (1), 79-91.
Sengpiel, F. & Blakemore, C. (1996). The neural basis of suppression and amblyopia in strabismus. *Eye*, 10, 250-258.
Spang, K. & Fahle, M. (2009). Impaired temporal, not just spatial, resolution in amblyopia. *Investigative Ophthalmology & Visual Science*, 50 (11), 5207-5212.
To, L., Thompson, B., Blum, J. R., Maehara, G., Hess, R. F., & Cooperstock J. R. (2011). A

game platform for treatment of amblyopia. *IEEE Transactions on Neural Systems and Rehabilitation Engineering*, **19** (3), 280-289.

Webber, A. L. & Wood, J. (2005). Amblyopia: prevalence, natural history, functional effects and treatment. *Clinical and experimental optometry*, **88** (6), 365-375.

Wong, B. (2010). Points of view: Color blindness. *Nature Methods*, **8**, 441.

Column 4　英語教育・英語学習とモチベーションの心理学

　現代社会のグローバル化に伴い，日本でも外国語としての英語教育・学習が重要視されている。このような日本人に対する英語教育・学習を含む外国語教育・学習においては，古くから多くの研究がなされてきている。たとえば，外国語学習にも一定の学習順序が存在するのではないか，といった研究であったり（Klashen, 1985 など），学習過程において学習対象となる外国語の正しい形ができあがるまでの間に，不完全な文法体系を持つ中間言語と呼ばれる文法体系を通して正しい外国語運用方法を習熟していく，といった研究など（Selinker, 1972 など）がある。さらに近年では，脳機能画像法という技術が発展してきたことにより，外国語を脳内でどのように扱っているのか，またその扱い方が習熟過程において脳内での外国語の運用のされ方にどのような変化が生じていくのか，といった研究も行われてきている（Yokoyama et al., 2006; Jeong et al., 2012）。以上のようにこれら従来の英語教育・英語学習に関する研究においては，おもに学習者がどのような習熟過程を通っていくのかについての，学習者の外国語能力の習熟過程自体の特徴を明らかにする研究と，その習熟過程に基づいた，教師が学習者にいつ何をどのように教えればいいのか，といった教育法・学習法に関する研究，という二つの流れが大きな研究テーマとして研究されてきたと言える。
　一方，近年の英語教育・学習を含む外国語教育・学習の研究において，学習者が外国語を学ぶ際に，習熟し切るまで学習を続けるにはどうすればいいのか，という観点の研究として，心理学におけるモチベーションに関する研究からの知見に基づいた研究が進められつつある。外国語学習者がどのような習熟過程を辿って外国語を習熟していくのか，どのような順序で教えれば学習者が外国語を習熟していけるのか，といった研究は重要ではあるが，そもそも学習者が外国語の学習に対するモチベーションを持てない，もしくは保てないならば，学習自体が進まなくなるということも出てくるのは想像に難くない。実際，日本でも英語ができるようになりたいと思いながらも，学習を継続できずに結局英語が使えるようにならない，といった話はよく見聞きするところである。以下では，モチベーションの心理学的観点に基づいて行われた，英語を含む外国語学習の研究について近年の進展について説明することで，英語教育・英語学習の分野においてモチベーションに関する心理学的知見が大きな役割を果たしつつある現状について紹介したい。
　まずモチベーションの心理学的知見のうち，特に外国語学習に援用されてきている理論・知見について概説する。最も多く援用されている理論的知見としては，Self-determination theory（自己決定理論，Deci & Ryan, 1985 など）における Intrinsic motivation（内発的動機）という考え方である。内発的動機とは，外

的報酬に基づいて刺激される Extrinsic motivation（外発的動機）とは異なる，自らの内的な部分から生じるモチベーションのことである。例えば，行うこと自体が楽しい，ということにより，その行為自体を行いたいと思える，といったモチベーションのことである。注意すべき特徴として，報酬などによって外発的動機が刺激されると，内発的動機が低下する，という側面がある（Murayama et al., 2010 など）。よって，特に学習の場においては，外発的動機を刺激するような報酬によるモチベーションの引き上げ方は用いない方がいいとされる。内発的動機を刺激するには，創造的な側面を含む行為であったり，達成できそうな目標を設定してそれに向かって学習を進めたり，あるいはゲームやシミュレーション的な側面を含む行為を取り入れるなど，といった工夫が有効とされる。もう一つのモチベーションに関する理論的知見としては，Self-efficacy theory（自己効力感理論）がある（Bandura, 1995 など）。外国語学習分野の研究ではまだ援用される例は少ないが，自己決定理論よりも学習の場面で援用される傾向が強い理論である。基本的な考え方としては，「自分はこの能力を伸ばすことができる」という信念的な部分が，学習へのモチベーションへとつながる，というものである。具体的には，習熟への成功体験と，他人からの明示的評価，という二点が主要なモチベーションの基となるとされる。習熟への成功体験とはその言葉の通り，今までに何かの能力を習熟したいと思ったことに対し，実際に習熟に成功したという体験のことである。これはある意味，「自分は何かを習熟しようと試みれば，習熟することができる能力を持っている」という自己評価，と言える。他人からの明示的評価も言葉の通りで，自分以外の人間から自分の習熟能力への評価を明示的に受けることであり，基本的に共通するものであると言える。

　これらの知見・理論は，主に単純な認知課題や記憶課題等でのパフォーマンスにおいて，効果が見られるか否か，といった実験的研究が多く行われてきていた。特に自己効力感理論は，学校などのクラスルームにおける学習活動におけるパフォーマンスについての研究も行われている。しかしながら，外国語学習に対しても同様の結果・効果を示すのか否かについては，あまり検証が行われてこなかった。そういう意味で，モチベーションに関する理論・知見が外国語学習に対しても適用可能か否か，という点を検証することは，モチベーションの理論・知見にとっても意義のある研究となる。

　その結果として，基本的に外国語学習の場においてもモチベーション研究の理論・知見は適用可能であったという結論で一致している（Tremblay & Gardner, 1995; Kimura et al., 1997; Cheng, 2002; Mori, 2002; Apple, 2005; Mills et al., 2007; Ushioda, 2008 など）。その上で，いくつか興味深い知見も得られている。例えば，現在もしくは将来の仕事上で英語が必要と感じている学習者は内発的動機が高い傾向があるといった結果や（Kimura et al., 1997），アップル（Apple, 2005）によると，日本人英語学習者はすでにリーディングについてのモチベーションが

高いために，さらなるリーディングに対する学習プログラムは不要である，といった結果もある。また，外国語学習の内発的動機が高い学習者は，学習自体に関する関心が高く，問題解決に関する方略をいろいろと用いる傾向が高いという結果も報告されている（Ushioda, 2008）。この Ushioda の研究は，外国語学習へのモチベーションの高さが問題解決に関する方略の試行錯誤につながったのか，問題解決に関する方略を用いる能力が高かったために外国語学習へのモチベーションを高く保てたのか，どちらであるのかまでは結論づけられていない。そういう意味では，今後問題解決方略の能力を先に伸ばすことによって外国語学習へのモチベーションも高まるのかどうか，といった観点の研究にもつながる面白い結果と言える。

以上，一般的なモチベーションに関する理論・知見に触れ，それらに基づいた英語学習・外国語学習への応用的研究を紹介した。個々人の学習者の立場からすれば，一般化された外国語学習過程の理論よりも，もしかすると外国語学習へのモチベーションの維持の仕方といったテーマのほうが，興味があるかもしれない。そういう意味においても，心理学におけるモチベーション研究と英語学習・外国語学習研究とのコラボレーションを，より発展させていく必要があると思われる。

引用文献

Apple, M. T. (2005). Extensive reading and the motivation to read. *Doshisha Studies in Language and Culture*, **8**, 193-212.

Bandura, A. (1995). *Self-efficacy in changing societies*. Cambridge: Cambridge University Press.

Cheng, Y. (2002). Factors associated with foreign language anxiety. *Foreign Language Annals*, **35**, 647-656.

Deci, E. L. & Ryan, R. M. (1985). *Intrinsic motivation and self-determination in human behaviour*. New York: Plenum.

Jeong, H., Hashizume, H., Sugiura, M., Sassa, Y., Yokoyama, S., Shiozaki, S., & Kawashima, R. (2011). Testing second language oral proficiency in direct and semi-direct settings: A social-cognitive neuroscience perspective. Language learning. *Language Learning*, **61**, 675-699.

Kimura, Y., Nakata, Y., & Okumora, T. (1997). Language learning motivation of EFL learners in Japan: A cross-sectional analysis of various learning milieus. *JALT Journal*, 47-66.

Krashen, S. D. (1985). *The input hypothesis: Issues and implications*. New York: Longman.

Mills, N., Pajares, F., & Herron, C. (2007). Self-efficacy of college intermediate

French students: Relation to achievement and motivation. *Language Learning*, **57**, 417-442.

Mori, S. (2002). Redefining motivation to read in a foreign language. *Reading in a Foreign Language*, **14**, 91-110.

Murayama, K., Matsumoto, M., Izuma, K., & Matsumoto, K. (2010). Neural basis of the undermining effect of monetary reward on intrinsic motivation. *Proceedings of National Academy of Science USA*, **107**, 20911-20916.

Selinker, L. (1972). Interlanguage. *International Review of Applied Linguistics*, **10**, 209-231.

Tremblay, P. F. & Gardner, R. C. (1995). Expanding the motivational construct in language learning. *Modern Language Journal*, **79**, 505-520.

Ushioda, E. (2008). *Motivation from within, motivation from without*. University of Warwick.

Yokoyama, S., Okamoto, H., Miyamoto, T., Yoshimoto, K., Kim, J., Iwata, K., Jeong, H., Uchida, S., Ikuta, N., Sassa, Y., Nakamura, W., Horie, K., Sato, S., & Kawashima, R. (2006). Cortical activation in the processing of passive sentences in L1 and L2: An fMRI study. *Neuroimage*, **30**, 570-579.

あとがき

日常生活を見つめる

　19世紀のフランスの詩人ステファヌ・マラルメ（Stéphane Mallarmé）は，「世界は一冊の美しい本になるべくできている[1]」と言った。この言葉は，文学と詩を重んじるマラルメが，世界の全ての行動やものは文学や詩で表すことができることを示した言葉と解釈されている。実際にマラルメは，晩年の著作のディヴァガシオンにおいて，音楽や踊りや社会的な行動を文学の一部として積極的に捉えなおしている[2]。マラルメの姿勢とこの言葉は，筆者が日常生活を心理学の視点から捉えようとするきっかけとなった。

心理学の面白さを伝える

　本書の企画は，編者の一人である野内の経験がもとになっている。これまで，筆者は，自己紹介をするたびに，専門は心理学ですと答えてきた。すると，多くの場合，相手から「日常生活の○○という行動を心理学で説明できますか？」とか「○○の場合に心理学は，役に立ちますか？」という質問を受けた。その度に，自分の考えられる限りの知識を動員して説明してきた。また，一般の方々が，心理学に単なる学問という枠を超えて大きな関心と期待を寄せているのを感じた。そこで，筆者は，心理学は生活の疑問に答え，社会に役立つ学問であることをまとめた本を作りたいと思った。さらに，純粋に心理学という学問が面白いことを伝えることのできる本にしたいと考えた。幸い，豪華な執筆者に恵まれ，従来にない新しい心理学の本ができたと思う。

本書に関連する書籍との関係

　日常生活のこころの働きについて心理学の視点からまとめた本は，これで2冊目となる。1冊目は，2013年にナカニシヤ出版から出版された『認知心理学の冒険：認知心理学の視点から日常生活を捉える』（兵藤宗吉・野内類編）で

ある。この書籍は，日常生活の私たちの行動を認知心理学[3]という視点から見るとどのように説明できるのかをまとめたものである。特に，『認知心理学の冒険』では，様々な日常生活に共通する基本的なこころの働きに注目した。その結果，『認知心理学の冒険』は，認知心理学の応用可能性を存分に説明した専門性の高い一冊となった。一方で，日常生活の私たちの行動は，認知心理学という一つの研究領域だけでは，上手く説明できない部分もあるという限界点も明らかになった。そこで，本書は，認知心理学だけでなく様々な心理学の研究領域から日常生活のこころの働きを説明するようにした。そのため，本書は，心理学を専門とするものだけでなく，初学者であっても十分に楽しめる内容となっている。本書で，日常生活と心理学の関係に興味を持った読者は，ぜひ，『認知心理学の冒険』も読んでいただきたい。

　最後に，本書の各章の執筆にご協力いただいた諸先生，本書の企画から出版まで編者たちの無理な要望にお応えいただいたナカニシヤ出版の宍倉由高編集長および山本あかねさんに感謝申し上げたい。山本さんの協力なしには，本書は完成することはなかったと思う。また，難解なマラルメの言葉を筆者に丁寧に教えてくれた亡き父，良三にも感謝したい。フランス文学者であった父から教わった数々の言葉と研究姿勢が，筆者の研究活動の根底を支えている。

注
1) この言葉は，様々な訳がある。原文は，「Le monde est fait pour aboutir à un beau livre」である。この言葉は，アメリカのフランス文学者のFrederic Chase St. Aubynが著書 Stephane Mallarme: France（1969）において「The world was made in order to result in a beautiful book」と訳している。本書の訳は，上記の英語版をもとに筆者が訳したものである。
2) 日本語で読めるマラルメの晩年の思想は，『マラルメ全集II ディヴァガシオン』他（筑摩書房）が詳しい。
3) 認知心理学は，心理学の一つの研究分野であり，情報を知覚し，覚え，判断し，行動するという私たちのこころの働きを調べる研究分野である。

事項索引

A
ADL　151
autonoetic consciousness　49
IADL　151
MRI（Magnetic Resonance Imaging）　118
PTSD　112

あ
アイデンティティ　97
アセチルコリン　18
安全／リスク判断　115
閾下提示　5
一次的援助サービス　137
意味記憶　32
印象判断　34
ウェルビーイング（Well-Being）　80
運動連合野　40
円滑なコミュニケーション　27
エンハンスメント　16
思い出　83

か
概括化　86, 87
外向性　94
外的統制者（external control）　129
海馬　119
　　──シータ波　17
回避　8
カウンセリング　136
　　──マインド　135
顔独自の認知機構　28
顔認証技術　35
顔の認知の特異性　27
顔の見た目と名前の間に必然性がない　33
学業達成　98
学習障害（LD）　143
学力　97
過剰適応　136
可塑性　98
加齢　170
感覚フィードバック　40
感覚連合野　40
慣化‐新奇法　62
眼窩前頭野　119
観察　138
　　──者要因　31
記憶　16
希少性　5
帰属　3, 5
逆モデル　41
ギャップ効果　62
吸着誘導法　117
鏡像自己認知　44, 50
協調性　94
勤勉性　94
クロスロード　113
経験への開放性　94
経頭蓋直流電気刺激法（tDCS）　20
ゲームブック　114
限定商品　5
高機能自閉症　143
高次因子分析　95
合理的配慮　161
高齢化　35
国際障害分類（ICIDH）　152

国際生活機能分類（ICF）　153
心の理論　42, 48
個人差　92
誤信念　52
個人を特定　30
異なる顔同士の区別　28
ゴムの手錯覚（rubber-hand illusion）　41
固有知覚　41
コンサルテーション　136
コントロール　72

さ
災害応急対応フェーズ　111
災害教育（防災教育）　113
災害後フェーズ　111
災害派遣医療チーム　112
災害前フェーズ　111
させられ体験　41
サッチャー錯視　29
三次元顔認証システム　35
3，4歳　83, 87, 89
三次的援助サービス　137
自意識　42
支援技術（Assistive Technology）　155
視覚　41
色覚異常　169, 171
色覚障害　175
自己　38
　　──効力（感）（Self-Efficacy）　76
　　──主体感　40

事項索引

――所属感　41
――の統合　46
事後情報　85
示唆性　31
指差誘導法　117
事象の制御可能性 (controllability)　127
システム1・システム2モデル　116
視線　8, 9
自然現象　110
自然災害　111
視点取得　48
自伝の記憶　49, 83, 84, 86-89
自閉症スペクトラム障害　143
死亡率　98
社会価値的自己　44
社会経験　31
社会的価値　44
社会的対応　136
社会的投資理論　101
社会的評価　45
社会的文脈　46
社会的役割　45
弱視　168-171, 173, 176
斜視　168, 170
――弱視　170
視野の欠損　169, 170
遮蔽弱視　170
縦断研究　94
自由来室活動　141
主観的幸福感　97
手段的日常生活動作　151
馴化-脱馴化法　62
馴化法　61
順モデル　39
障害者雇用　164
障害者の権利に関する条約　161
生涯発達　88, 89
状況要因　31
情報判断プロセス　116
職業達成　98
職業リハビリテーション分野　163
触覚　41
処理の流暢性　3, 5
視力　169
――低下　170, 171
新奇性　7
親近性　7
神経症傾向　94
新生児模倣　47
身体運動　40
身体的健康　97
身体的自己　40
心理教育的アセスメント　136
心理検査　138
心理的対応　136
スクールカウンセラー (SC)　138
スマートドラッグ　22
性格　92
脆弱性　111
正常性のバイアス　112
精神的健康　85
接近　8
絶対数　11
選好注視　61
――法　60
前帯状回　119
全体処理　28
選択盲（Choice Blindness）　12
相貌失認障害　28
ソーシャルワーカー (SSW)　138
ソシオメトリックテスト　140

た

対象性　3
対人関係的自己　42
対人行動　42
体性感覚　41
他者　47
――性　40
立場　45
脱馴化　62
単純接触効果　4
地域社会の結び付き (community tie)　125
知能検査　139
注意欠陥・多動性障害 (ADHD)　143
聴覚　41
調和性　94
テストバッテリー　140
典型性　3
道具として顔を利用　27
統合失調症　41
統制の所在 (locus of control)　129
倒立効果　28
読字　170
独自性　31
特性不安 (trait anxiety)　127
特別支援教育　144
ドパミン　18

な

内的統制者 (internal control)　129
内部知覚　42
二次障害　144
二次的援助サービス　137

日常生活動作　151
人間支援工学　155
認知症　19, 35, 51
認知神経科学　39
認知能力　97
認知バイアス　112
ネガティブな出来事　84, 85, 87
脳科学　38
脳機能マッピング　38
脳内スキーマ　39
脳の体積（脳形態）　118
ノーベル経済学賞　98

は
パーキンソン病　21
パーソナリティ検査　139
パーソナリティ特性　93
ハザード　111
発達検査　139
発達障害　136
犯罪被害に対する恐怖感（fear of crime）　125
犯罪被害リスク認知（perceived risk of crime, perceived risk of criminal victimization）　124
反社会的問題　136
東日本大震災　118
非現実的な楽観主義（unrealistic optimism）　127
非社会的問題　136
ビッグ・ファイブ　93
避難誘導　117
表情　9
フィードバック　39
福祉的就労　164
不同視弱視　170
部分処理　28
変容可能性　98
防災駅伝　114
防災すごろく　114
紡錘状回　28
防犯（crime prevention）　124
──心理学（crime prevention psychology）　123
ポジティブな出来事　84, 85, 87
補償効果　103

ま
ミラー・ニューロン　47
ミラーサイン　51
魅力度　9
メタ認知（Metacognition）　72
──的活動　72
──的知識　72

メタ分析　98
面接・遊戯　138
目撃証言　26
目標要因　31
モニタリング　72

や
養育態度　97
幼児期健忘　66, 83, 89
予測誤差　41
予測的妥当性　94

ら
ライフコース　80
ライフストーリー　87
楽観バイアス（optimistic bias）　127
ラット　17
ラポール　139
離婚　98
リテラシー　23
両眼立体視　171, 174
倫理　16
ルージュテスト　50
レミニッセンス・バンプ　84
ロービジョン　169, 172, 176

人名索引

A
Allport, G. W.　93
青野文江　148
Apple, M. T.　180
新井哲也　172, 173

Arditi, A.　169
Armstrong, D.　56
Asaka, Y.　19

B
Bahrick, L. E.　67
Baker, L. M.　56
Bandura, A.　76, 77, 180
Bar, M.　3, 4

人名索引

Barthel, D.　151
Barton, J. J.　28
Bateson, M.　131
Baumann, D. J.　129
Bayliss, A. P.　9
Benet-Martínez, V.　96, 97
Bergson, H.　55
Berntsen, D.　84
Berry, S. D.　18
Binet, A.　151
Binswanger, L.　56
Blakemore, C.　174
Bland, B. H.　18
Bleidorn, W.　101
Bódizs, R.　17
Borghans, L.　98
Brettel, H.　172
Brody, E. M.　151
Bulf, H.　65
Bushnell, I. W. R.　64

C
Cabeza, R.　34
Carey, B.　17
Chalmers, D.　56
Cheng, Y.　180
Chib, V. S.　21
Churchland, P.　56
Cialdini, R. B.　5
Clark, V. P.　20
Claúdio, V.　87
Coltheart, M.　52
Cooper, J.　171
Costa, P. T. Jr.　94, 101
Craig, A. D.　42
Craighero, L.　47

D
D'Argembeau, A.　85

Davidson, D.　56
De Renzi, E.　28
de Schonen, S.　67
Deci, E. L.　179
Deleuze, G.　55
DelVecchio, W. F.　99, 100
Dennett, D.　56
Derida, J.　55
Descartes, R.　56, 57
Digman, J. M.　95, 96
Drabek, T. E.　112
Dunlosky, J.　74

E
Eagleman, D.　57

F
Fahle, M.　171
Fantz, R.　60, 61, 66, 67
Farroni, T.　65
Fehner, G.　55
Feigl, H.　56
Feldman, J.　171
Fetzer, B. K.　127
Field, T.　65
Fivush, R.　50
Flavell, J.　73
Floyd, M.　77
Foucault, M.　56
Frederick, S.　108
Frege, F. L. G.　55
Freud, S.　55, 66
Frith, C. D.　40, 41

G
Gallup, G. G.　44, 50
Gardner, R. C.　180
Gauthier, I.　31
Gergely, G.　47

Goldstein, K.　55
権藤恭之　78
Guattari, P-F.　55

H
Haggard, P.　41
浜井浩一　125, 132
Hanada, Y.　18
半田一郎　141
Harwerth, R. S.　171
林　春男　148
Hayne, H.　67, 68
Heckman, J. J.　97, 98
Helweg-Larsen, M.　127
Hermans, H. J. M.　46
Hess, R. F.　171, 174
Heyes, C.　47
Hill, P. L.　103
日根恭子　34
廣中直行　17
久恒辰博　17
Holliday, I. E.　171
本多明生　129, 130, 132
Honda, A.　124, 128, 132
Horgan, T.　56
星加良司　158
Howell, E. R.　171
Hryciw, B.　33
Husserl, E. G. A.　55
兵藤宗吉　183

I
池谷裕二　17
石隈利紀　136-138
伊藤美奈子　135
糸井重里　17
岩原昭彦　78
泉　拓良　149

J
Jack, F.　68
Jeong, H.　179
Johansson, P.　11, 12
Jung, C. G.　57

K
Kahana, M. J.　18
Kahneman, D.　107, 108
Kaitz, M.　65
Kaniasty, K.　125
Kato, T.　34
香月毅史　112
河田惠昭　149
Keizer, K.　130, 131
Kempen, H. J. G.　46
Kimura, Y.　180
金城　光　75-77
北原健二　170
Klashen, S. D.　179
Kunst-Wilson, W. R.　5
楠見　孝　23

L
Lacan, J-M-É　55
Lawton, M. P.　151
Legge, G. E.　169, 170
Levi, D. M.　171
Li, J.　174
Lodi-Smith, J.　101
Loftus, E. F.　85

M
Maehara, G.　171
Maguire, E.　68
Maher, B.　16
Mahoney, F. I.　151
Mallarmé, S.　183, 184
Markon, K. E.　95, 96
松田　憲　7

Matsuzawa, M.　63
McCarthy, R. A.　28
McCrae, R. R.　94, 101
Merleau=Ponty, M.　55
Metcalfe, J.　74
Mills, N.　180
Milner, B.　17
三浦利章　166
宮森孝史　17
宮本聡介　4
Moffitt, T. E.　92, 97
Mori, S.　180
Mullally, S. L.　68
Murayama, K.　180

N
永岑光恵　23
Nagel, T.　57
中野聡子　159
中野泰志　173
Nelson, K.　50
Neta, M.　3, 4
Neumann, A.　86
仁平義明　125, 127, 132
Nishi, D.　113
信原幸弘　22
野村信威　87
Norris, F. H.　125
能登真一　33
野内　類　116, 117, 183
Nouchi, R.　114, 115
布井雅人　6, 9, 10, 13, 14

O
小田浩一　169, 170
Oddie, S. D.　18
岡田　隆　17
岡　耕平　165, 166
Orzeł-Gryglewska, J.　18
太田信夫　4

尾崎由佳　8
Ozer, D. J.　96, 97

P
Park, J.　7
Pascalis, O.　64, 65, 67
Pauli, W. E.　57
Pelli, D. G.　170
Penrod, S.　31
Perloff, L. S.　127
Phillips, S.　87
Pickens, J. N.　67
Poropat, A. E.　97
Prinzie, P.　97
Prior, H.　51
Putnam, H.　56

Q
Quoidbach, J.　99

R
Raes, F.　87
Reber, R.　3
Riger, S.　125
Rimbaud, J. N. A.　57
Rizzolatti, G.　47
Roberts, B. W.　92, 97-101, 103
Ros, L.　87
Ross, M.　85
Rotter, J. B.　129
Rubin, D. C.　84
Rubin, G. S.　170
Russell, B.　55
Russell, R.　27
Ryan, R. M.　179
Ryle, G.　56

S
Sandel, M. J.　22

Sanfey, A.　108
Sangrigoli, S.　31
三宮真知子　74, 76
佐藤浩一　83
佐藤翔輔　150
Schaie, K. W.　78
Schlagman, S.　87
Scogin, F.　77
Scoville, W. B.　17
Seamon, J. G.　5
Sekiguchi, A.　118, 119
Selinker, L.　179
Sengpiel, F.　174
芹沢一也　125, 132
Shapiro, P.　31
Shepperd, J. A.　127
島田貴仁　126
Shimojo, S.　8, 63
清水寛之　74, 77
首藤伸夫　149
Sims, J. H.　129
Slovic, P.　116
Smart, J.　56
Smith, W. R.　128
Spang, K.　171
Strick, M.　9
杉万俊夫　117, 118
Sugiura, M.　38, 39, 114, 115
Svoboda, E.　50

T
高橋雄介　92, 102, 103
Takano, Y.　18, 20, 21
詫摩武俊　93
田中悟志　20
田中　聡　148
Tanaka, T　21
Tarr, M. J.　31
Thompson, P.　29
Thompson, R. F.　18
To, L.　174
Tom, G.　8
Torstensson, M.　128
Tremblay, P. F.　180
Tsakiris, M.　41
Tulving, E.　49
Tversky, A.　108

U
上原　泉　82, 88, 89
Uehara, I.　85
Ushioda, E.　180, 181

V
Vaillant-Molina, M.　66
Vertes, R. P.　19

W
Walker, A. S.　65
Walker, W. R.　85
Wang, R.　30

Warrington, E. K.　28
渡邊克巳　20
Webber, A. L.　171
Weinstein, N. D.　127
Wells, G. L.　33
Whitehead, A. N.　55
Williams, J. M. G.　86, 87
Wilson, A. E.　85
Winson, J.　17
Wittgenstein, L.　56
Wolpert, D. M.　41
Wong, B.　175
Wood, J.　171
Worchel, S.　5
Wundt, W.　55
Wyer, N. A.　34

Y
山口正二　140
Yamanoha, T.　124, 128, 129, 132
矢守克也　114
Yin, R. K.　28
Yokoyama, S.　179
吉川早紀子　9, 10, 13, 14
Young, A. W.　32
湯川良三　74

Z
Zajonc, R. B.　4, 5

【執筆者一覧】（五十音順，*は編著者）

上原　泉（うえはら・いずみ）
お茶の水女子大学基幹研究院人間科学系准教授
担当：1章Q7

大塚由美子（おおつか・ゆみこ）
愛媛大学法文学部准教授
担当：1章Q5

岡　耕平（おか・こうへい）
滋慶医療科学大学院大学医療管理学研究科講師
担当：2章Q4

岡田有司（おかだ・ゆうじ）
高千穂大学人間科学部准教授
担当：2章Q3

金城　光（きんじょう・ひかり）
明治学院大学心理学部教授
担当：1章Q6

佐藤翔輔（さとう・しょうすけ）
東北大学災害科学国際研究所助教
担当：コラム3

杉浦元亮（すぎうら・もとあき）
東北大学加齢医学研究所／災害科学国際研究所准教授
担当：1章Q4

高野裕治（たかの・ゆうじ）
同志社大学研究開発推進機構赤ちゃん学研究センター特任准教授
担当：1章Q2

高橋雄介（たかはし・ゆうすけ）
京都大学大学院教育学研究科特定准教授
担当：1章Q8

中村　昇（なかむら・のぼる）
中央大学文学部教授
担当：コラム1

布井雅人（ぬのい・まさと）
聖泉大学人間学部助教
担当：1章Q1

野内　類（のうち・るい）*
東北大学学際科学フロンティア研究所／加齢医学研究所／災害科学国際研究所助教
担当：2章Q1

日根恭子（ひね・きょうこ）
理化学研究所理研BSI-トヨタ連携センター研究員
担当：1章Q3

兵藤宗吉（ひょうどう・むねよし）*
中央大学文学部教授

本多明生（ほんだ・あきお）
山梨英和大学人間文化学部准教授
担当：2章Q2

前原吾朗（まえはら・ごろう）
神奈川大学人間科学部准教授
担当：2章Q5

横山　悟（よこやま・さとる）
千葉科学大学薬学部准教授
担当：コラム4

横山諒一（よこやま・りょういち）
神戸大学医学部在籍
担当：コラム2

Q&A 心理学入門
生活の疑問に答え，社会に役立つ心理学

| 2015 年 10 月 20 日　　初版第 1 刷発行 | 定価はカヴァーに
表示してあります |

編著者　兵藤宗吉
　　　　野内　類
発行者　中西健夫
発行所　株式会社ナカニシヤ出版
　　〒606-8161　京都市左京区一乗寺木ノ本町 15 番地
　　　　　　　　　　　　TEL 075-723-0111
　　　　　　　　　　　　FAX 075-723-0095
　　　　　　　　http://www.nakanishiya.co.jp/
　　　　　　　　E-mail iihon-ippai@nakanishiya.co.jp
　　　　　　　　郵便振替　01030-0-13128

装幀＝白沢　正／印刷・製本＝亜細亜印刷
Printed in Japan.
Copyright © 2015 by M. Hyodo & R. Nouchi
ISBN978-4-7795-0986-5

本書のコピー，スキャン，デジタル化等の無断複製は著作権法上での例外を除き禁じられています。本書を代行業者等の第三者に依頼してスキャンやデジタル化することはたとえ個人や家庭内の利用であっても著作権法上認められておりません。